iDO .com世代的生活便利情報指南

全新增訂版

10萬元 環遊世界

943（就是省）——著

Contents

943環遊世界80天路線圖

路線　共經過27國，主要玩9國，其餘為轉機、路過、一日遊、踩邊界的城市或國家：

1	台北	8	梵蒂岡
2	新加坡	9	巴黎 6 天
3	吉隆坡	10	比利時
4	巴林	11	阿姆斯特丹 4 天
5	法蘭克福	12	冰島
6	盧森堡	13	紐約 10 天
7	羅馬	14	加拿大

943的志願：推廣省錢旅行
讓更多人花小錢看大世界

Traveling around the world

2008年943為了實踐「再窮也要去旅行」，挑戰了「10萬元環遊世界80天」。出發之前，我估算如果不去中南美洲的話，旅費（含機票簽證）8萬台幣已足夠，如果含中南美洲行程的話，差不多10萬台幣左右搞定。

　　實際走完這趟環遊世界的旅程和預計差不多，總計所有支出為台幣106,936元（相當3,000多美金），包括繞地球一圈及北美飛南美的全部含稅機票、吃住、交通費、各種雜支、購物、簽證、保險、旅行裝備……統統都包括在內，而且整個行程並不刻苦，不用搭帳篷、不需睡路邊、不必啃白麵包吃泡麵、沒有搭便車，也無須賣藝。

　　可能有朋友會好奇，花費如此低，是因為有廠商贊助嗎？答案是沒有的，而且這些省錢旅行的方式大多無須好運或花大把時間找尋有的沒的的促銷，只要有心，人人都能做到。在沒有打工的情況下，沒有露宿街頭搭帳篷、沒有一餐吃不飽（回國後發現自己還胖了2公斤，牛仔褲有點穿不下），也沒有用任何非常手段省錢，託大家的福順利走完了這趟旅程。

　　雖然，這次環球之旅不巧遇上金融海嘯、油價高漲，歐元匯率也達到高峰，但省錢有省錢的玩法。由於不景氣，媒體報導我的旅行經歷時常著眼在省錢的部分，不過我挑戰10萬環遊世界的動機並不在於追逐低價，而是給自己一個任務：身體力行，為沒錢出國築夢而躊躇不前的人們實驗證明：環遊世界真的不難也不必花大錢。

　　雖然距離「10萬元環遊世界」之旅已時隔數年，但是拜廉價航空之賜，十年來各國的機票售票並沒有通貨膨脹，再加上2015年油價比2008年降低許多，歐元也大貶，環遊世界的機票成本並沒有隨物價水漲船高，反而近年因低成本航線越開越多，現在花10萬元一樣可以遊遍世界，若經三大洲（亞、歐、北美）則全程機票含稅可壓在5萬元以內。

2015~2016版

5萬元搞定環遊世界含稅機票 (新台幣,單程含稅價)

台　北→新加坡　酷航或捷星或虎航 $2,000

新加坡→吉隆坡　火車臥舖 $800

吉隆坡→曼　谷　$1,200

曼　谷→奧斯陸　挪威航空 $7,500

奧斯陸→倫　敦　easyjet或其他歐洲廉航 $1,200

倫　敦→紐　約　挪威航空 $8,700 或 倫　敦→華盛頓　WOW航空 $9,800

紐　約→洛杉磯　聯合航空 $5,500

洛杉磯→台　北　中國東方航空 $18,000

（若沒有單程含稅1萬多的票價,也可考慮找洛杉磯飛香港的航班,便宜機票較多,再搭常促銷至單程$1～2千元的香港航空或香港快運）

機票含稅總計:$46,000

或是

台　北→曼　谷　台灣虎航或威航單程 $1,500
　　　　　　　　可另從曼谷搭廉價航空延伸玩東南亞。

曼　谷→巴　黎　挪威航空單程 $7,500
　　　　　　　　可另從巴黎搭廉價航空單程含稅1千台幣出頭機票延伸玩歐洲。

巴　黎→紐　約　冰島航空或柏林航空單程 $13,000
　　　　　　　　可另搭1元巴士延伸玩水牛城、波士頓、華盛頓等。

紐　約→洛杉磯　很多家航空單程 $4,000
　　　　　　　　可另搭飛狗巴士延伸玩聖地牙哥、墨西哥。

洛杉磯→台　北　很多家航空或聯合航空單程 $14,000

機票含稅總計:$40,000

以2015年底為例
（出發兩個月前可訂到的最低含稅票價）

註:943幫大家挑選的都是平時常態或固定促銷、人人都能買到的機票,所以將偶然機票標錯價漏洞或十年難得一見的超低價促銷剔除,希望是能讓大家看得到也享受得到「花小錢去旅行」的方法。偶有橫跨歐亞及歐洲飛南美的機票合計來回含稅3萬,即時更新詳見:http://goo.gl/wqKmx6

現在不去，一輩子都不會去了！

　　許多人對於「環遊世界」抱持著「得花50萬以上，等存夠錢才能去」的刻板印象，其實大家不妨試著想想，現在環遊世界只需要花10萬，若等到退休以後再去，由於體力的限制勢必得走高級路線，到時候環遊世界可能得花上80萬、100萬！

　　如果有些人不幸中年被病痛纏身或遇上突發狀況，甚至可能來不及實現環遊世界的夢想。電影《練習曲》中有句經典對白：「很多事情現在不做，一輩子都不會做了。」夢想還是把握當下、及早實現吧！943覺得，旅行是「人生的密集班」，旅行中發生的大小事情與人生起伏很類似，學習抱著「塞翁失馬，焉知非福」的正面態度，日後遇上人生大事時，也能坦然以對。原本943想證明這句話的道理是否真的存在，忠實記錄著旅途中大大小小的「驚奇」，沒想到一路下來，發現很多意外插曲反而帶來更好的結果。例如這次在巴拿馬邊界錯過班機，卻陰錯陽差進入平常在DISCOVERY頻道才看得到的原始部落，成為此次旅行最難忘的回憶之一。

　　關於旅行，943對自己的期許不只是擴展個人視野，更希望能藉著旅行四處移動，順便實現「多背1公斤」的旅行精神，把家中閒置卻完好的物品傳遞給需要的人，一方面不辜負旅行中消耗的能源，也希望能稍稍對物資不平衡盡一份努力，讓旅行多一點意義。

　　《牧羊少年奇幻之旅》説：「當你真心渴望某樣東西時，整個宇宙都會聯合起來幫助你完成。」在這趟旅行中，943再次深深體會到這句話是真的，相信在我之前完成環遊世界心願的旅人前輩們也會同意這句話。感謝所有在旅途中伸出援手的那些認識和不認識的人們，有了他們，我更體會到世間的溫暖。

　　讓我們一起花小錢看大世界吧！943祝大家都能走得比我更遠、更久！

 ## 旅途小統計

　　總里程約7萬公里、途經27國，其中主要玩9國、飛行14趟、長途巴士24趟、船4趟、火車3趟，包括廉價航空8趟0元機票1趟、1元巴士3趟、夜車共9天、搭借宿主人便車6次、信用卡免費機場接送2次、自炊N餐。

　　結識沙發衝浪客51位，在17位借宿主人家交換借宿54天、便宜旅館10天、免費過境旅館1天、夜車9晚、睡機場2夜（一夜在全球最好睡的新加坡機場、另一夜在利馬機場轉機5小時）、機上過夜1晚、熱帶雨林部落內茅屋民宿2天（過國際換日線少掉1晚）。

　　生病0次、被偷被搶被騙0次、遺失物品1次（1塊小香皂）、迷路N次、語言不通（中南美）N次、西班牙語單字只會20個（其中10個是數字1到10）、趕不上飛機1次、煮台灣菜給借宿主人吃和幫忙洗碗N次、被問：「妳全部的行李就只有這樣嗎？」N次、在南美洲被當地女性問：「環遊世界！妳瘋了嗎？」2次。

全部家當

　　行李總重1公斤（採買存糧時約2至3公斤）：1件短袖T恤、1件長袖T恤、1件毛衣、1件超輕小夾克、1件長褲、2件更換貼身衣物、1雙糖果襪、1支牙刷、1條小毛巾、幾條小藥妝品、1個超輕泡麵碗、1個小塑膠叉、1個小礦泉水瓶、1台朋友慷慨出借的小相機、2張記憶卡、1個USB、1個歐規轉接插頭、1本80頁的旅行計畫及日記、2張信用卡、1本護照、1個用寶特瓶蓋DIY的陽春迷你手電筒。（請見第155頁）

環遊世界快問快答

Q1：環遊世界花費只有10萬，會不會很刻苦？

不一定，拜廉價航空與網路之賜，旅行不再需要花大錢，而且借宿常常住得比旅館還好呢！熱情的主人還會主動開車接送，規格不輸五星級飯店，超感謝的。至於吃的方面，只要自炊，超市裡什麼便宜就買什麼來煮，即可吃得很不錯，天天嘗試新菜色也很好玩！

Q2：女生一個人旅行不是很危險嗎？

每個地方都有危險的可能性，不管在哪裡，自保的大原則都大同小異，例如深夜不外出、不到偏僻處或暗巷、錢財不露白……等，獨自旅行時更要提高警覺。沙發衝浪借宿於家庭而非單身漢家，會比較安全。

Q3：一個人旅行很無聊嗎？

943個人旅行時幾乎不帶書或隨身聽，因為沿途有太多事情要做了！看風景、寫旅行筆記、記帳（控制預算），和其他旅人交流、打聽旅行資訊、觀察當地乘客互動，來個非正式的文化研究……忙得不亦樂乎呢！聽當地人講話也很有趣，跟他們打聽目的地的天氣、哪間旅館比較好、哪條路線更便宜，好處多多。有幾次遇上熟門熟路的背包客，和他們結伴同行可避免迷路的風險，有時還可互相兌換外幣，出門在外彼此幫忙的感覺很窩心。

Q4：不會講西班牙文，在拉丁美洲怎麼生活？

比手畫腳、手寫數字照樣能買票、搭車、點菜、殺價……只要動動腦就不難找到最容易讓對方理解的溝通方式。（請見南美篇的詳細介紹）

Q5：建議買環球機票嗎？

看個人需求。在預算允許之下，如果想去廉價航空飛不到的地方，環球機票不失為可行的選擇。如果想要玩多地方，又來得及搶到歐洲廉價航空的0元、1元機票，建議環球票的里程額度少排一些歐洲城市，把里程用在歐洲以外的地方或廉價航空沒有飛的城市，會更划算。

Q6：為什麼不等到退休以後再去環遊世界？

老了就走不動啦！實現夢想要及時啊！

Q7：下一次想去哪裡？

哪兒都有可能喔！尤其是中東、中亞、非洲、歐洲，或新加坡、紐澳、日本、南北韓……只要是一個人旅行，去哪裡都很自在！

10萬元環遊世界80天大解密！

共經過27國，主要玩9國，其餘（括號內）為轉機、路過、一日遊、踩邊界的城市或國家：

台北→（新加坡→吉隆坡→巴林→法蘭克福）→盧森堡→羅馬→（梵蒂岡）→巴黎6天→（比利時）→阿姆斯特丹4天→（冰島）→紐約10天→（加拿大一華盛頓）→祕魯16天（玻利維亞一智利）→（厄瓜多爾）→哥倫比亞11天→（委內瑞拉）→巴拿馬5天→（哥斯大黎加→尼加拉瓜→宏都拉斯→薩爾瓦多）→瓜地馬拉10天→（貝立茲）→洛杉磯5天→聖地牙哥5天→（墨西哥）→台北。

總支出

項　目	花　費（台幣）	備　　註
交通費	86,786元	機票及長途巴士
飲食費	13,214元	所有食宿
雜支	6,936元	出發前後所有雜支（含保險費）
合計	106,936元	
平均每日零花	162.5元	出發後長途交通費以外的所有開支

機票支出（台幣含稅價）

台北→新加坡	捷星航空	特價機票3,488元
吉隆坡→法蘭克福	海灣航空	$20,925，轉機超過10小時免費送過境旅館一夜住宿。
法蘭克福→羅馬	Ryanair航空	0元機票＋稅金$ 1,160
羅馬→巴黎	Ryanair航空	$2,816
阿姆斯特丹→紐約	冰島航空補位票	$14,010
華盛頓→利馬	Spirit Air	$13,469
利馬→庫斯科	TACA Air	$2,384
瓜地馬拉→洛杉磯	Spirit Air	$7,757
洛杉磯→台北	馬來西亞航空	$14,160

10萬元環遊世界省錢訣竅索引

環遊世界 行前準備：

80天行程 10萬元搞定

Traveling around the world

這次的環遊世界80天之旅決定得很臨時，943出發前只有1個月的時間規劃，雖然必須經過27國，但為了玩得深入一點只選擇其中9國做5至10天的停留，其餘國家分別為轉機、路過、一日遊、踩邊界的城市或國家。

　　由於只能玩80天，我這次把重點放在中南美洲，亞洲只做短暫停留。好在東北亞、東南亞、南亞大部分的國家，之前都造訪過，巴基斯坦以東那時只剩不丹、孟加拉、韓國還未造訪，反正亞洲國家距離台灣近，日後多得是機會慢慢走。

　　如果不在乎時間，沿途搭便車或打工，可以花更少的交通費走完全程，可惜這次時間短，否則若是玩240天，含中南美交通費加上每日花費應該可以只花台幣9萬元。

第一招 路線篇

 自助旅行規劃建議

剛開始自助旅行時，943花了很多時間規劃，不過隨著經驗的增加，也建立起一套「標準作業流程」，節省好多時間。

Step 1 ▶▶剪貼各種文字資料

翻閱有大量圖片的旅遊書籍，先初步決定要去哪些地方。若覺得書的價格太高買不下手，或是無法負擔磚頭書的重量，可以事先去圖書館借閱，或在旅途中借人手一本的旅遊聖經《Lonely Planet》。

這個階段是先把所有有參考性的資料和瑣碎的項目都記錄起來。先開一個文件檔「計畫－環遊世界」，貼上各種資訊。

▶機票資訊：943通常把各種機票的比價結果貼在檔案裡，包括票價、稅金、含稅價（當地貨幣及換算成多少台幣）、起飛點、轉機點、航空公司、詢價日期，這樣一比價就一目了然。

▶交通路線的選擇：943打算在飛到新加坡之後，順便到鄰近的吉隆坡旅行，要搭火車還是巴士呢？這時就要考慮很多因素，像是價格、時間、舒適度、麻煩度，可做成簡單的列表。

▶住宿候選名單：如果有幾個待選的方案，可以把它們分成幾個最在意的項目，例如房價、交通方便度、舒適度、有無早餐等等，最好把「抵達該地所需的交通費」跟房價一起考慮，總價最低的才是真正省錢喔！

▶其他遊客的經驗：他人的遊記中往往不經意透露許多重要資訊，例如票價、行車時間等，網路時代汲取他人經驗很方便，當然不可

放棄這項現代人的福利。每個目的地都有需要大量瀏覽旅行建議的地方，是不是血拚天堂、物價貴、天氣冷、治安不佳、騙子歹徒多⋯⋯等等，上網路論壇或各部落格，多瀏覽他人經驗，勤做功課是不吃虧的一大訣竅。

▶有用的網址和各種地圖：也可以直接收到瀏覽器的書籤裡，例如鐵路局網站、旅館網站、美食遊記討論網址⋯⋯等等。各旅館或餐廳的位置圖、Google地圖、地鐵路線圖（便於排路線順序）。

而範圍比較大的地圖，例如全國地圖、全市地圖，則比較適合直接設書籤瀏覽或到圖書館影印，也可以到駐台辦事處索取免費地圖。我習慣在瀏覽旅行資料時，只要有用的一律先蒐集。最好將剪貼的來源網址一起附註在文件檔裡，以便日後查詢，只要有任何不清楚，就可以輕易找到原始出處。例如有人在遊記中記錄了某間博物館的門票價格，我剪貼到自己的文件檔後，想知道這個價格是不是過時的舊價錢，循著當初記錄的網址得以找到原始出處，以遊記的張貼日期判斷門票的預算是不是需要估得多一點。

▶景點候選名單：景點也是旅行的重點之一， 先將目的地幾個有名的景點在文件中列成一個清單，這樣一面對照地鐵圖，就可能順利篩選、排出大致的順序了。也可以自己附註優缺點，太遠太貴、門票價格，這些筆記對於作決定時有很大幫助。

▶行李規劃：除了各種當地資訊外，規劃時隨時蹦進腦袋的各種想法也很重要，其中最常見的就是行李要帶的東西，規劃時順便記錄，才不會到要收拾行李的時候又得重新找一遍資料、重新花腦筋再想一次。

最後要說明的是，自助旅行的規劃該從出發前多久開始，其實並沒有一定的鐵律。遠從半年1年，近則3天都有可能，視個人情況而有不同。我曾經在出發前7天才開始規劃9天的臨時起意日本鐵道之旅，或花2天安排4天曼谷都會之旅。現在比價網站很方便，不必再像過去那樣大海撈針了。總之，停留的地方越多，規劃時間就越久，趁早規劃會更加從容。如果是第一次去，建議大家最好多花一點時間慢慢考慮、從容準備、開心上路！

Step 2 ▶▶ 用EXCEL表格統整

除了網路資料外，還可找該國的旅遊書來看看，決定景點後，最後再參考旅遊聖經《Lonely Planet》訂出細節路線，例如：如何從Ａ國走陸路、水路或空路到Ｂ國。

第二步可利用EXCEL填表格的功能，幫助自己把行程中每個細節的資料都蒐集齊全不遺漏。5天內的短期旅行可以天數為單位，1天列一行，而長期旅行最好以城市為單位，一個城市列一行。資料可以包括：

運用EXCEL不同的顏色和功能，哪些地點、機票尚未處理，一目了然。

一一填入就知道哪個
環節還沒準備到！

第一欄	出發日期（這欄通常先以「第？天」代替，等確定日期再填寫月日）
第二欄	預定停留天數
第三欄	國家
第四欄	城市（無論去幾個國家，以城市為單位，去幾個城市就列幾行）
第五欄	簽證規定（有時從表格可發現該辦多次進出簽證，而非單次簽證等重要關鍵）
第六欄	貨幣（最好加上該貨幣對台幣的匯率、是否通用美金等資訊）
第七欄	電壓插座（我都用符號表示插孔形狀，如：歐式220V、英式220V_|_）
第八欄	如何到該地（飛機班機號碼、起降時間、票價、訂票號碼，或火車班次、開車抵達時間、月台、票價等）
第九欄	晚上住哪裡（地址電話網址、如何抵達該處）
第十欄	天氣（可附註當地人建議的服裝，若要上山，山上山下的氣溫要註明）
第十一欄	要做什麼事（想逛的景點、要買的東西、要見的人等等）
第十二欄	備註（該地的台灣駐外機構緊急聯絡電話地址，或該段機票有無刷卡送的保險等等）

▶善用粗體、色塊：多次旅行的經驗後，我覺得這個表格越來越順手好用，無論是短期或長期，在表格每一欄用不同顏色的字體，就可以一目了然，再複雜的行程，也能省力又有效率的輕鬆搞定！943的習慣是將辦妥事項的那一格加粗體或填入色塊，即使行程複雜到不行，也能一一把所有該辦的簽證和住處、車票等等細節搞定。例如尋找各地借宿處時，寄出借宿詢問信的那個城市就先改用藍色字體，等確定找到住處，再改用粗體。連住宿主人家的地址、電話、地圖統統都確認後，再將那個城市的「晚上住哪裡」那一格填滿黃色。這樣一來，哪些城市已經搞定住處、哪些城市還沒有著落、哪些國家還沒辦好簽證或換好外幣……一眼就能很清楚。

▶建議使用英文填寫：把機票、確定要去的城市這些需要最先定案的項目填入EXCEL表格裡，接下來照著填表格，就可以知道接下來該訂哪一段、該確認哪一項，不費吹灰之力地掌握各個細節了。通常國家、城市、貨幣、交通工具這些細節，使用英文或當地文字比較好，若不習慣外文可以用中外文對照，如果只有中文，出發後看到外文的標語比較不容易會意過來，比方說馬來西亞著名的觀光勝地「雲頂」的英文是「Genting」，屆時車站可不一定有中文標示。若看不慣英文以外的外文，也可以加上英文拼音註明發音，以便問路或聽清楚車廂內的廣播。

使用外文名稱的第二個好處是可以直接「手指問路」，萬一被入境官員問東問西，也不容易被刁難。曾有某國海關看到我拿出每天鉅細靡遺的旅遊行程表時大呼：「Well organised！」因為我的旅遊行程手冊中連每段火車的票價（外幣和台幣）、每個城市的沙發衝浪借宿主人電話都有。只因提不出拜訪友人的電話而被拒絕入境的事件時有所聞，如果旅遊行程手冊上能有每個住處的地址、電話，這些突發狀況就不容易發生。

▶善用網路搜尋：網路是另一個非常好用的工具，通常943都是用「Google大神」和「背包客棧論壇」兩大利器。例如：在Google上搜尋「馬來西亞簽證」就可以找到很多說明和討論，這種一定有很多人遇上的問題，實在不需要到處發問。發問還要等回覆，直接搜尋最快了。

Step 3 ▶▶ 編寫旅遊行程手冊

943通常把這個行程表當作自製的小Lonely Planet，不用帶厚厚的書去旅行，增加旅行時體力的負擔。

943喜歡事前詳細規劃，等到當地再依照自己的行程表做彈性變化。而有些旅人則喜歡完全沒有旅遊計畫的冒險，這時旅遊行程表就可以列上比較彈性的東西，例如可行的備案、列出附近的旅館名單、簡單火車時刻表等等，以便臨時起意時方便直接查詢，避免在人生地不熟的異國，像個無頭蒼蠅到處找資料。

框框上方以粗體標明該日的日期、星期、旅途的第幾天、主要停留地點、當天夜宿地點，一目了然，非常方便閱讀。起先943用表格、交通工具小圖檔來標示，但word容易因此成為壞檔，發生文字救不回來的慘況，因此建議少用表格，圖檔則到最後再插入替換。

無論旅行手冊編寫是否力求詳盡，以下兩樣資料是旅遊行程表一定要有的資料，以防萬一：

▶備妥免簽的英文規定：若從台灣以外的地方飛往免簽證國家，請「一定」要事先上網查好並列印好「台灣護照持有者可免簽證進入該國的英文規定」，白底黑字和機票放在一起，一併拿給航空公司地勤

每個大框框代表一天，相同的行程（例如在同一個城市）可盡量排版在同一頁。

943的行程規劃範例檔案圖示

第二階段和第三階段：
http://goo.gl/oo0n3z

看（地勤還會拿去請示上司，所以最好不要只存在手機裡）。在機場
check in時，地勤必須檢查旅客是否有進入該國的許可，大部分的國家
都不熟悉台灣護照可以免簽進入哪些國家，很多人都發生過莫名其妙被
拒絕上機的慘劇。

943從華盛頓要飛到祕魯時也曾遇過，航空公司無法確定台灣護照
是否可以免簽進入祕魯，所以確認了很久，還好我出發前看到好心網友
再三提醒，事先列印進入該國免簽證的英文規定，直接秀給航空公司地
勤看，才順利過關。943從吉隆坡飛往歐洲時，也發生了地勤不確定法
國申根簽證是否可以進入德國而四處請示了很久的情形，還好提早4個
多小時到機場，才沒有錯過班機。

▶備妥外交部各地駐外辦事處的緊急聯絡電話：萬一有緊急狀況
發生，可以打電話或前往該地求救。或打「旅外國人急難救助全球免付
費專線：電話800－0885－0885（『您幫幫我、您幫幫我』）」，目前
可適用歐、美、日、韓、澳洲等22個國家或地區。

自製旅行計畫手冊

可蒐集A4大小的旅遊宣傳單做封面。943去澳洲旅行時，在街上拿了有南美風景圖片的旅行團廣告單，回來自己DIY，就成了防水又耐摺的旅行手冊封面。

旅行手冊的內頁就是「Step3」的「每日行程表」，最後幾頁是各式各樣的地圖，有影印下來的，也有出發前從旅行團目錄撕下來的詳細地圖。943通常以單面列印，反面空白可拿來寫旅遊日記，不用另外攜帶記事本。手冊用燕尾夾牢牢固定，943還用橡皮筋在手冊上綁了一枝筆，可以隨時記錄大小事。走路時把背包位於腹部的省力扣環扣住，再將手冊夾在扣環上，如此就能騰出雙手，手冊也方便拿取。

自製的旅行計畫手冊便利、好用！

自製手冊外面的防水頁，除了防雨還可以當封底。

在當地吃的水果，將貼紙撕下來，在筆記本上貼成一串，替旅行增添有趣的回憶。

關於防水，943也研發出私房撇步：準備透明的投影片或把 L 形夾剪成一片，黏在旅行手冊的最後一頁。如果旅遊資料釘在左邊，透明片就固定在最後一頁的右邊。雨天翻閱時，只要把最後透明那一頁翻上來蓋在本子上，就是好好用的遮雨防水透明罩囉！平時當作封底，下雨時防水，多功能的設計，自己DIY也很簡單。

為免旅行手冊遺失，最好將原始檔存放在多個網路硬碟或信箱，隨時下載列印。手冊中可夾一張護照影本，以防護照遺失時，若無影本會拖延身分確認及補辦的速度。

環遊世界行程規劃注意

▶挑選方便久留之處：物價低、治安好、有熟人的城市，可停留較久，尤其可安排在比較累的行程之後，例如夜車、健行。除了做充分休息之外，若行程變化或趕不上飛機，這段時間還可以做為緩衝期。

有些借宿主人可以接待長達一星期以上的客人，但有些主人可能沒有備份鑰匙，白天他出門工作你也得跟著出門，就無法留在屋內休息了，事前最好先問清楚。停留期間，逛逛當地小店、看當地的電視節目、搭當地的交通工具、跟當地人過一樣的日子，這種融入當地人的生活的迷你「慢遊」，也是我旅行中的最大樂趣。

▶打聽好機場稅再買機票：別選擇機場稅高的機場做轉機樞紐，有些國家的機場稅高得嚇人，進出兩次等於被剝兩次皮，像巴拿馬（約20美金）、祕魯利馬（30美金）、智利聖地牙哥等，南美的機場稅幾乎都很高。

▶順時針還是逆時針走？價格決定：943覺得「亞洲→歐洲→美洲」的逆時針路線不錯，不過對於預算有限的背包客來說，當然是哪裡便宜就先飛哪裡囉！依照這個行程，一些消耗民生用品等過了歐洲以後差不多就用完了，這時再到物價較低的美洲補貨（像是美國「99CENTS ONLY」連鎖店，日用品價格真的很便宜），就不用在歐洲荷包大失血。通常943不會把牙膏、香皂等盥洗用品需要的全部份量一次帶齊，

從亞洲飛歐盟國家還好，英國機場對於攜帶食物入境有不少規定，比歐盟嚴格許多，從亞洲飛入英國時務必注意。
英國入境需知：http://www.defra.gov.uk/animalh/illegali/allow/whatfood.htm

只帶大約一半，例如943的80天行程大約從第30天後進入物價低廉地區，只帶前30天份的香皂，剩下的到物價便宜的地方採買，就可以減輕不少行李負擔囉！

▶選擇旅途中繼站：如果行李很多，可安排一處做折返點，例如利用廉價航空想在東南亞多玩幾國，可把吉隆坡或其他城市當作折返點或轉機點，暫時把多餘行李寄放在這裡。例如先飛到吉隆坡，再逆時針陸路北上泰國、柬埔寨、越南，最後回到吉隆坡。在歐洲，也可以挑一個機場巴士便宜、又有1元機票可到的城市寄放行李，例如羅馬。

　　▶盡量在夏天旅行：最省力的排法，就是所到之處都是當地的夏天，這樣有一些好處：

一、可以少帶很多冬天衣物。

二、比較不容易生病。

三、天氣冷，需要的熱量多，花在吃穿上的費用相對也會增加。

四、天氣冷的地方，無論晴、雨天都會讓人忍不住花錢搭計程車。相反地，在天氣熱環的地方，通常只要避開大太陽的時段即可舒適地搭巴士或徒步。

五、一到夏天，北半球炎熱的程度相去不遠，大約都在攝氏20～30度，一套換洗衣服就可以通行幾千公里。但冬天的北半球，各地溫差就能高達30到40度，攜帶衣物的難度可說是提高不少。

　　如果真的沒辦法在夏天出發，可以挑一個物價便宜的城市當作添衣起點，在當地採買冬季衣物，或和借宿主人借衣物，都是可行的方法。943覺得第60天才要派上用場的厚外套，實在不需要從第1天背到第59天呀，像祕魯、印度、馬來西亞的雲頂高原都是可以便宜買到冬天衣物

的地方，就連四季如夏的泰國曼谷大賣場也有賣毛帽，不必擔心。尤其是祕魯的羊駝（ALPACA）毛又輕又暖，價格便宜，帶在身上也不會很重，十分推薦。

▶在物價便宜的地方停留久一點：在物價低的地方採買食物，等到了物價高昂的地區可省下不少飲食費。在歐洲上一次餐館動輒台幣數百元，馬來西亞物價便宜，不妨在轉機期間去當地超級市場採購一些重量輕又沒有入境限制的食物，例如麵包、米粉，蔬菜及肉類則到歐洲再買。這樣米粉或冬粉可以替代貴森森的義大利麵打發幾頓晚餐，光是麵食每餐至少可以省下10元。自己用吐司和在當地採買的配料做三明治當午餐，馬上就能省下數百元了！

旅行時採買食物最好考慮保存方式、重量及搭配。若不是開車自駕旅行，盡量攜帶不重的食材，可別興匆匆買了一大罐沉重的巧克力醬，卻只有第一天早餐想吃，滿足了第一餐的食慾卻苦了接下來幾天的肩膀，增加旅途的負擔。沒有打算在某處停留很久的話，也要考慮接下來數天有無冰箱可保存、是否可在離開前吃完、如何搭配其他食物、有無廚具可煮等等。別買了一大條火腿才發現住處沒有冰箱，或只有第一天

的住處有冰箱。

　　物價低廉的地方也很適合購買紀念品，例如北歐的物價是越往西邊越貴，因此若要買紀念品請在芬蘭買，價格會比挪威便宜很多。祕魯和瓜地馬拉物價特別便宜，到中南美洲旅行時，可挑這兩個國家做為較長期停留的休息站。

　　▶簽證太難辦或物價太高的國家，不用太執著：除非真的很嚮往，否則旅行最好也要考慮一下划算度，別為了去一個國家浪費太多金錢和精神，甚至壞了玩興，為了前往某國而多花萬把塊，不如用在只多花1千元就可以抵達的地方，例如943上一本書《一張機票玩6國》中介紹過從新加坡到印尼民丹島。其次，絕大多數在台灣設有辦事處的國家，在台灣辦簽證比在海外辦要簡單方便而且優惠，例如印度給台灣人半年多次進出簽證，但不少歐洲人都只拿到單次簽，他們為了延長簽證，還得千里迢迢過境到尼泊爾的印度大使館去加簽。申請歐洲申根簽證時，在台灣申請通常比其他地方（例如英國）快速，不但可停留的時間較長，還可多次進出。

　　另外，對台灣人來說比較難辦簽證的是阿根廷，需要有該國當地的保證人才行，巴西簽證則要有銀行擔保。

節省簽證費有撇步

1. 盡量多去免簽證的國家：澳門、新加坡、日本、韓國、英國、愛爾蘭、歐盟、美加、南美的祕魯、厄瓜多爾、哥倫比亞、中美洲許多國家都提供台灣人免簽證。

2. 歐盟免簽證：免簽可去歐盟會員國，也可進入冰島、列支敦斯登、挪威、瑞士。還有非申根會員國的羅馬尼亞、保加利亞，賽普勒斯和克羅埃西亞。

3. 特區免簽證：墨西哥在與美國聖地牙哥接壤的提娃那市設有72小時免簽證特區，在那邊小逛墨西哥，馬上就省下簽證費3千多元。

4. 簽證費只要數百元台幣的國家：馬來西亞（落地簽約台幣3千多元，在台北辦好只要240元，入境15天內免簽）、菲律賓等國。

5. 有落地簽證的國家：柬埔寨（簽證費20美元）、寮國（30美元）、印尼（10美元）、尼泊爾（停留3天以上簽證費25美元）、埃及（15美元）、斯里蘭卡（免簽證費）馬爾地夫（免簽證費）等國。

查詢最新簽證申請狀況請上「外交部領事局」網站：
http://www.boca.gov.tw/mp.asp

第二招　機票篇

5張機票繞地球1圈

　　在規劃行程時，943沒考慮買環球機票，而是找最便宜的廉價航空機票一段一段接起來，因為這樣比較便宜。一開始，943計算了從亞洲到歐洲這段路程，若走陸路循著拉薩鐵路→尼泊爾→印度→巴基斯坦→伊朗→土耳其→歐洲的交通費，其實並不會比便宜機票划算，因此決定搭乘海灣航空橫跨歐亞大陸，單程機票差不多在台幣2萬元左右。

　　歐洲各國往來頻繁，當地廉價航空就像台灣高鐵一樣，是各國居民通商通勤最快的工具，就像通訊業興盛的台灣有「1元手機」，歐洲的「1元機票」也早已行之有年，只要在起飛前3個月或更早訂票，Ryanair航空幾乎每條航線都能買到1元機票。

　　943這次環遊世界總共花了6萬機票繞地球一圈，其實還可以更便宜喔！因為當時遇上油價和歐元都高漲，決定得又很匆促，出發一個月前才訂票，很多機票都沒能買到最低價，花了不少冤枉錢。現在大家出發，應該很容易就可以比943花得更少、走得更遠。

善用比價網站和廉價航空

　　除亞洲段外，歐洲和北美有不少機票比價功能很強的網站，可搜尋從全世界各地出發的機票比價（絕大多數是傳統航空公司），例如專門搜尋從美國出發機票的Priceline、Orbitz、Expedia、Hotwire等網站，還有搜尋機票範圍涵蓋各洲的cheapoair網站，更有整合了十來家機票比價網站的輕鬆查搜尋網站bookingbuddy，只要輸入一次起

從各國出發的機票比價網站

一次可搜尋一整年的比價網站：
http://www.skyscanner.com.tw
一次搜尋數家機票比價網站：
http://www.bookingbuddy.com
從台灣出發的機票比價網站：
http://www.backpackers.com.tw/forum/airfare.php

訖地點及時間，就能一次查遍10餘家機票比價網站、數百家航空公司票價，省力又省時！

　　值得注意的是，許多國家的海關在審核入境時，都要求出示返回居住地的機票，所以一定要在出發前就訂好回到居住地的機票，不要抱著隨興的想法而日期開OPEN，以免被拒絕入境。

　　以跨洲機票做為環遊世界路線的「骨幹」，再以當地的廉價航空1元機票或長途移動巴士或火車做為「延伸」，是不錯的省錢方法。

　　一般而言，歐美的火車比當地的廉價航空機票還貴，例如從維也納到柏林的火車票將近1萬元，但若及早訂到廉價航空，含稅票則可以低到1千元左右。長途移動的巴士如Euroline，若早點訂票常可訂到10歐元左右的優惠票，美國的灰狗巴士、中國城巴士也有早鳥優惠票。總之排路線時多查、多比較準沒錯！

5種環遊世界路線提案

目前有十幾家廉價航空飛台灣航線,利用便宜機票飛出去環遊世界更容易了。以下是943長年觀察並蒐集的幾個便宜路線走法:

1. 台灣→(越捷航空)→越南河內/胡志明市→巴士到柬埔寨金邊/暹粒(吳哥窟)→泰國→(臥鋪火車,千萬別搭夜行巴士,會被乾洗)→馬來西亞→(亞航)→印度清奈→(air arabia)→阿拉伯聯合大公國→(air arabia)→中東/中亞/非洲/歐洲⋯⋯

2. 台灣→(威航或台灣虎航)→泰國→(臥鋪火車或廉航)→(廉航)→新加坡→(臥鋪火車或廉航)→吉隆坡→(亞航)→斯里蘭卡→(廉航Mihin Lanka)→印度→(廉航)→歐洲→走上述路線一回台

3. 陸路穿越歐亞:台灣→(香港航空或香港快運或傳統航空早鳥票)→香港→(廉航或臥鋪火車)→中國→蒙古→西伯利亞鐵路→歐洲→(愛爾蘭航空)→美國→台灣

4. 台灣→(土耳其航空經伊斯坦堡轉機送旅館或一日遊)→歐洲(搭廉航跳點遊歐洲)

5. 台灣→(廉航或傳統航空早鳥票)→首爾→(濟州航空)→塞班→洛杉磯→(廉航)→墨西哥城→(古巴航空)→哈瓦那→(巴士)→古巴Varadero→(Eurowings)→科隆→環遊歐洲→科隆→(歐洲廉航Eurowings)→曼谷→(威航)→台灣

只用一張機票環遊世界的獨門密技

　　環遊世界只用一張機票！943的《一張機票玩6國》已經有很多種延伸玩法，也廣為人知了，不過有沒有可能用一張機票環遊世界呢？不是環球票喔！某次943研究南美機票時發現一個有趣的路線：土耳其航空台北飛紐約的機票，竟然是從台灣飛土耳其再繞過半個地球到紐約！一般人也許不喜歡用這種繞遠路的方法飛紐約，畢竟從台灣往東飛越太平洋就可以抵達了。但由於土耳其航空和其他歐洲航空的地理位置關係，當這些航空同時促銷歐亞線和歐美線促銷時，就可以利用官網上的多城市（multi-city）選項，自行分段訂購「台北→伊斯坦堡」＋「伊斯坦堡→紐約」的一張來回票，來回含稅只要1,330USD，大約台幣不到4萬元就可以幾乎繞地球一周！航程可間隔數個月，只要整張來回票在3個月內用完即可，用一張機票就能環遊世界，是不是很瘋狂呢？

　　雖然沒有真的繞地球一周，不過這個方法特別適合想到歐美中東搭巴士、搭便車或徒步旅行的朋友，用前段機票飛到伊斯坦堡就可以環遊歐洲再回土耳其搭機到紐約，到紐約再搭俗稱「1元巴士」的Mega bus用每段1美金的票價周遊美加，甚至買廉航機票到南美。或是直接訂土耳其航空「台北→伊斯坦堡」＋「伊斯坦堡→里約熱內盧/利馬等南美城市」的機票，不只土耳其航空，沒事可查價歐洲系或中東系的航空從台北到北美，若歐亞線和歐美線一起促銷時也會有類似的效果呢。

　　土耳其電子簽證費現在只要台幣約600元而已，搭土耳其航空在伊斯坦堡轉機時間若在6～24小時之間，直接到伊斯坦堡機場入境大廳的旅館預定櫃台報名，就贈送免費市區觀光或過境旅館二擇一的優惠呢！觀光行程從巴士、英文導覽、門票、餐點統統免費，比起一些亞洲機場的轉機一日遊還得自付保險和餐費，實在很優惠啊！

廉價航空省錢的秘訣

　　廉價航空之所以便宜，主要是因為節省了許多奢華的成本。除了大家熟知的網路售票節省人事費用、不印機票及登機證、不提供空橋、停在較偏遠的二線機場、機上餐飲及娛樂設施需付費、託運行李限重較嚴格、更改日期需加收手續費、無法退票、取消頭等、商務艙以外，有些廉價航空公司甚至能靠售票以外的收入達到盈餘。

　　廉價航空是比較新的服務，很多人抱怨廉價航空「這個也要加錢、那個也要加錢」，其實943覺得廉價航空的概念就像餐廳裡「單點」與「全餐」的觀念。傳統航空相當於「全餐」，只要一張機票就能享受所有服務，就像用8百元可以吃到前菜、主菜、沙拉、甜點和飲料，即使不喝飲料，售價還是8百元，一毛也不能少付。但廉價航空的概念是消費者用不上的就無須付錢，比較接近「單點」形式，所以一張廉價航空機票買到的相當於用4百元點一道主菜，如果需要前菜和飲料再加點，如果不需要前菜和飲料，就可以省下不少錢。國內民眾對廉價航空這個概念陌生，是因為習慣搭飛機就該奢華，就像幾十年前上西餐廳一定得點全餐一樣，現在西餐普遍了，單點反而變成很正常的事。

FASTEN SEATBELT WHILE SEATED　　LIFEJACKET UNDER YOUR SEAT

機上廣告也成了廉價航空票價便宜的利器之一。

　　儘管有些人認為廉價航空的「缺點」是不夠奢華,不過943覺得就長遠來看,航空平民化是世界的趨勢。在空中飛行不再只是有錢人專利的同時,「機艙巴士化」也是大勢所趨。將來享受規格巴士化的低成本航空,勢必也將成為一般人民習以為常的交通工具之一。如果在空中少一餐「免費」食物飲料和機上娛樂就能少付7、8千元,這樣的交易當然划算,在汽車普及的年代,誰會在意搭到的計程車不是賓士車呢?更何況由於近年來經濟不景氣,傳統航空公司礙於成本也不得不減少免費服務,例如不再供應免費泡麵、託運重量限制轉趨嚴格等,傳統航空與廉價航空的差距有越來越小的趨勢。(注意事項請見《一張機票玩6國》)

　　有了售票以外的收入(例如機上食物的銷售、機上雜誌廣告等),有些廉價航空公司也開發出更有創意的節省成本撇步。例如亞航自辦地勤的成本只需委託代理地勤的2/10、開闢大量航線以向機場爭取較低機場使用費、全機只有4位空服員、由空服員負責機艙清潔、耗油力求精準到秒、長程航班在1小時內完成所有人貨進艙出艙動作起飛回程、微網誌Twitter、facebook行銷、統一機型則只需購買一種飛行模擬器、增加非航運收入(機上免稅品、廣告、航空保險、機+酒等),甚至未來還打算發展網路登機及手機check in、讓整架飛機成為巨大廣告體,以及兼營航空貨運,創造更多賣機票以外的收入。也就是說,營運的盈餘及成本有其他收入支撐,這樣票價當然可以降低。

　　廉價航空也希望能以藍海策略開啟航空市場,而非殺得你死我活的削價戰爭。根據統計,某廉價航空的客源有60%為首次搭乘飛機的乘客,多半為學生及退休銀髮族。有些原本杯葛廉價航空的傳統航空公司,也發現廉價航空的存在反而讓他們生意變好。

阿姆斯特丹是既美麗又重視環保的城市

環球機票愛飛哪裡就飛哪裡

　　許多航空公司彼此結盟以增加競爭力,他們把旗下航空公司一些航線湊起來推出環球機票促銷。目前提供環球機票的航空界聯盟有:「寰宇一家」(oneworld,旗下有英航、國泰、日航等)、「天合聯盟」(Skyteam,達美航空、美國大陸航空、西北航空等)與星空聯盟(Star Alliance,加航、新航、泰航、美國大陸航空等)。

　　環球機票依不同的聯盟而有不同的規定,里程越長或跨越洲數越多的票價就越高。例如「寰宇一家」最低價的環球機票,是可跨三大洲的經濟艙機票,票價大約10萬,稅金另計,可任選三洲各停留3點,一共停留9個點。所謂的「三大洲」可以是最基本的環遊世界路線:「亞洲→歐洲→北美」,也就是說,這個路線不包含澳洲、非洲及中南美洲,如果想要統統都去,就得買涵蓋六大洲的環球機票,未稅票價是15萬台幣左右。而星空聯盟的最低環球票價是里程在29,000哩內停3到15點,也是未稅10萬元左右。

　　由於「寰宇一家」成員包含澳洲航空與智利航空,航線遍及澳洲及南美,而「星空聯盟」則是有紐西蘭航空及南非航空,航線可包含南太平洋島國。

　　和第一個方法「分段買廉價航空」相比,環球機票的優勢是在一個套票的價格下飛往範圍內的各大城市,比較適合假期長,又想去很多地方的人。究竟哪一種機票適合?不妨依個人的習慣、計畫與出發日期,對這兩種票價進行比價及規則研究。若想去一些非去不可、廉價航空又無法飛到的偏遠地區,例如復活島,可考慮環球機票。還有習慣旅行隨興、常常變動日程的人,也比較適合多花點錢選擇可以自由更改日期的環球機票。

環球機票的票價及規則:
http://www.staralliance.com/hk/fares/round-world-fare/round-the-world-fare-tc/

第三招 住宿篇

最省錢的住宿——交換借宿

旅行中最省住宿費的方法就是住朋友家，但並非每個人都能在世界各地有朋友，沒有朋友怎麼辦？沒關係，有許多交換借宿的網站像交友網站一樣，可以上網認識好客的朋友及寄宿家庭喔！

943曾在拙作《一張機票玩6國》中介紹了最省錢又能交到當地朋友的住宿方法——「交換借宿」，在這次環遊世界之旅中，除了因為祕魯的青年旅館便宜而住了10天，誤闖熱帶雨林部落在茅屋民宿住了2天之外，有54天都是借宿在17位借宿主人家，節省了龐大的旅館開支，更重要的是交到不少世界各國的朋友。

簡單說，交換住宿是旅行時借宿在當地人家，沒旅行時則視自己的狀況提供住家給旅人借宿或當一日免費導遊。這是最近2、3年中，逐漸風行全世界的最新旅行趨勢。

交換借宿的交流網站有好幾個，其中943最常參與的就是Couchsurfing網站，中文名稱叫做「沙發衝浪」，意思是「借宿在別人家，沒有空房也可以睡沙發」。沙發衝浪網站的會員大多是熱中文化交流的年輕人，而另一個Hospitality Club也是類似性質，成立較早，但人氣沒Couchsurfing那麼多，評價機制也沒那麼完善。Servas的入會需要與台灣區負責人聯絡面試，並繳交會費，會員主要透過紙本會員名錄而非網站來尋找借宿，可能也因為如此，會員大多是比較有經濟能力的中老年人家庭。而由台灣人創立的「i好客」則是華人世界的沙發衝浪，全中文介面，不通英文的人在使用上也很方便。如果想住台灣留學生在歐美的宿舍，批踢踢上的沙發衝浪版有不少選擇，不過是純文字介面，尚無完整的認證及評價制度。

交換借宿最大的
收穫就是能認識
各國朋友，住宿
免費倒是其次。

我在巴黎的交換
借宿主人們與另
一位借宿客。

我在巴黎「沙發衝浪」借宿的房間。

交換借宿好去處

網站	網址	備註
Couchsurfing	http://www.couchsurfing.com	介面較完善
Hospitality Club	http://www.hospitalityclub.org	歷史悠久
Servas	http://www.servas.org	入會前需面試
i好客	http://www.ihaoke.com/	華人世界的交換住宿
批踢踢沙發衝浪版	http://www.ptt.cc/bbs/Couchsurfing/index.html	台灣人的交換住宿
stay4free	http://www.stay4free.com	免費借宿
ihen	http://www.ihen.com	交換房子
Home Exchange	http://homeexchange.com	換屋旅行

打工換宿免費住

也可以用打工換宿的方式省住宿費，打工或顧房子都有專屬平台了。

網站	網址	備註
HelpX	http://www.helpx.net	以工作換取食宿（西方世界的農場、牧場、民宿、寄宿家庭）
workaway	http://workaway.info	海外打工換宿
wwoof	http://www.wwoof.net	各國農場
mind my house	http://www.mindmyhouse.com	幫人看家換住宿
house carers	http://www.housecarers.com	房屋保母
luxury house sitting	http://www.luxuryhousesitting.com	幫有錢人看管豪宅換取住宿
camp in my garden	http://campinmygarden.com	後院開放露營的人家

算一算，943大概住過上百位借宿主人家，接觸過將近百位沙發衝浪客，其中絕大部分都是睡舒服的客房，不常睡到沙發。借宿主人的共同特徵都是喜愛異國文化、想認識外國朋友、對各個國家的人都抱著開放的心胸接納。而身為客人的沙發客也非常樂意深入當地人的生活，才能樂在其中。對943而言，住在當地人家比住在飯店裡有趣得多，既可以觀察當地文化，又能體驗當地生活、交到各國的好朋友，943深深覺得免費住宿根本不是重點，而是「住當地人的家」發揚了旅行的真諦——認識在地文化。

　　943和不少沙發客都成為好友，不只過年過節寄e-mail問候，有好幾位沙發客在結婚生子時都特別和我分享喜訊。當他們到華人地區旅行時，我也會盡力協助訂房、查詢路線、製作中英文會話卡等，即使彼此相隔五湖四海，依舊維持著良好友誼。

　　不過，943還是要再三強調，沙發衝浪是文化交流，不是免費旅館，尊重對方是最基本的禮儀，可別只把對方當作熱情的冤大頭來利用，每個出外的旅人都代表自己國家的聲譽，如果對國際友誼沒有興趣，建議還是住旅館比較自在。

　　943習慣在抵達每站借宿主人家以前，再瀏覽一次對方在網站上的檔案和評價。一方面熟悉對方，若把別人的國籍、職業搞錯了會很尷尬，或問了主人檔案中提到過的事情，讓對方覺得你沒有好好讀過他的資料就跑去，也顯得很沒有禮貌。二來再確認一次最近對方有無負面評價出現，像網拍一樣，對方全都是好評價時才去住，以免發生不愉快的經驗。

　　演講時常有聽眾問：「如何挑選好的借宿？如何過濾不稱職的沙發主人？」其實蛛絲馬跡都可以從評價裡推斷，最簡單的方式就是看負面評價。如果看到對方有兩個以上的負面評價，就不要考慮了。如果只有一個，有鑑於近年開玩笑的負評越來越多，建議一定要將評價的

每一個字都仔細看過，再加以判斷。如果評價中提到沙發主人有慷慨（generous）、樂於助人（helpful），或提及機場接送等熱情招待客人的具體行為，那大多表示此人熱中接待外國客人。如果大部分只有nice、 interesting，或只有描述他們一起去了哪裡，大多只是客套的感謝。如果看到this guy is crazy，大部分是有點不滿，但不好意思給負面評價。總而言之，獨自旅行的女性旅人，借宿在家庭裡是比較安全的。

送給外國友人的6種傳達心意好禮

　　既然沙發衝浪是國民外交，那麼該帶什麼禮物出國給外國朋友呢？943嘗試送過很多禮物，從茶葉、鳳梨酥到手機吊飾，經過數十間沙發衝浪借宿主人家庭的經驗，我發現「禮輕情意重」所言不假，943送過以下幾種禮物的反應最好：

　　1. 春聯：春聯的「福」字、「春」字可以介紹繁體中文、台灣的年節文化，大紅的顏色也很好看，很受歡迎。「開市大吉」的小紅紙也有祝福的意思，943會在送給對方時標示中文發音和意思，送禮很適合。過年前各大廟宇都會贈送免費春聯，可以酌量收藏備用。

　　2. 上上籤：有次943去日月潭文武廟拿了有中英日文對照的籤詩，就想當成很特別的禮物，沒想到外國朋友超喜歡。若無英文對照也無妨，台北龍山寺標楷體的中文和圖案也令外國人感到好奇，其他寺廟的籤詩也可以，解釋籤詩很有話題和異國風情。我常拿上上籤送給對方，順便祝福他們工作、感情、運勢順遂；說也奇怪，十次中有兩三次對方竟然感動得熱淚盈眶！他們說：「我才接待妳幾天，妳竟然祝我一生幸福」，這是所有外國人中反應最好的禮物。尤其環遊多國時一次可帶數十張也不會超重，我會帶不同的籤詩再依據對方求職、求姻緣、求子等狀況，搭配其他禮物一起贈送。

　　3. 平安符：和以上幾種小禮物意思相近，都是「祈求平安幸運」的意思，可解釋貼在門上或冰箱上可趨吉避凶，這樣外國人就了解了。

籤詩和春聯都有
祝福的意思，禮
輕情意重，特別
適合長途旅行時
大量攜帶贈送。

4. 有台灣地圖或風格的明信片：很多沙發主人喜歡在冰箱上貼滿
各國風情的物品，甚至視為與旅遊戰利品同等重要的異國經驗符號。送
一張讓對方貼起來展示，背面留下短短的感謝話語，許多沙發主人說：
「一張感謝的小紙條也比一盒茶點令他們感到開心。」

5. 對方的中文名字：告訴對方，你想送給他的禮物就是中文名字，
通常對方會很驚喜地跑去找好看的紙張。依據對方的姓名寫下安妮、約
翰……甚至包含姓氏也可，再用英文標示中文發音和意思。其他細節詳
見p.171「與當地人拉近距離」的段落。

6. 小物品：手機吊飾、小文具、小點心……行李重量允許的話可以
酌量攜帶，搭配以上四種小禮物一起贈送，相處越融洽的送越多種，大
家都開心。

若環遊世界需要預訂多天住宿的話，也可考慮在英美很盛行的返利

網站，做法是旅館及廠商將原本要付給廣告商或行銷的費用拿來退還給消費者。網友最推薦的是已有中文網站的topcashback，註冊後取得紀錄憑證再前往一些旅館比價網站或連鎖旅館、機票、票券、租車等消費，常常可以獲得5~10%上下的返利。詳見：http://goo.gl/cywiu5

最新自助旅行好用網站：

1. tripadvisor
   全世界住宿、餐廳、景點都有各國遊客評價和非官方照片的超好用網站：www.tripadvisor.com.tw

2. airbnb
   全世界收費的民宿或出租空房：www.airbnb.com.tw

3. Booking
   無須預定費的訂房比價網站：booking.com

4. wimdu
   各國民宿網站：www.wimdu.hk

5. trip4real
   由當地人帶路的一日小旅行：trip4real.com

6. spottedbylocals
   當地人私房建議（歐美景點）：www. Spottedbylocals.com

7. Like A Local
   當地人建議的私房景點：likealocalguide.com

8. Trover
   上網分享自己遊記或直接複製別人行程的規劃網站：trover.com

9. yelp
   發源自美國的美食點評網站：www.yelp.com

10. foodspotting
    美食點評情報網：www. foodspotting.com

搭臥舖省住宿費

決定得很臨時，943出發前只有1個月的

　　台灣是個蕞爾小島，從最北到最南搭火車4個多小時就可以抵達，因此一般民眾難以想像國外搭長途火車和巴士時，動輒10幾、20個小時的車程會是什麼光景！943很建議一生一定要體驗一次長途火車旅行，由於喜歡搭長途火車、巴士旅行，這次環遊世界之旅也安排了從新加坡到馬來西亞、南美到中美的長途移動。除了體驗當地文化以外，省錢又環保，實在很不錯。943根據搭乘幾十次長途交通工具的經驗，綜合出以下幾個重點：

　　搭長途巴士、火車，保持體力最重要，看完風景後，能平躺就平躺，睡醒下車後又是一尾活龍。如果乘客不多，可到最後一排平躺休息，讓肌肉充分放鬆，減少旅途勞頓，使乘車的行程反而比一般行程更輕鬆省力。平躺時塞一些衣物墊高膝蓋窩，會躺得比較舒服。

　　其次是保暖。有幾種方法可以在寒冷地區禦寒，反穿外套當棉被，

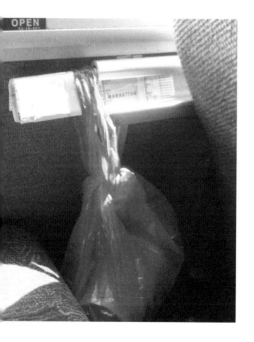

↑在祕魯夜行巴士上全副武裝！
←巴士上沒有掛鉤或置物籃怎麼辦？自己隨機應變、就地取材囉！圖為用廣告紙捲成圓筒狀做為掛鉤，放置隨身物品。

或把衣服都穿在身上，尤其頭部和足部保暖很重要。在寒冷的天氣裡，睡覺戴帽子很容易滑掉遺失，943都是把Ｔ恤或魔術頭巾套在頭上保暖，背包有護背軟墊的那一面可以拿來當在巴士上睡覺用的枕頭，把家當壓在頭部底下也比較放心，記得拉鍊的開口要朝內並上鎖，以免宵小覬覦。也可以把Ｔ恤套在背包上當枕巾，若把毛巾鋪在背包上很容易在行進晃動時掉落到地板上。這招也可以用在住宿無枕巾時，自己拿Ｔ恤套在枕頭上，維持個人清潔，糖果襪穿在毛襪內，天天換洗晾乾快速的糖果襪，就可保持毛襪清潔。

　　另外，最好自己準備食物和水。長途巴士所停的休息站通常收費不低，也只有吃飯時間才會停下來用餐。自備食物和水隨時補充熱量，也更省錢。最後，行李盡量擺在眼睛看得到的地方，放在座位上方很容易遺忘或失竊。有些國家的巴士沒有置物掛鉤或網籃，可以自己就地取材做一個克難掛鉤。冷氣孔故障無法關閉又直對著頭部，是很容易生病的，可行的方式是用塑膠袋輕輕塞住冷氣孔，下車時再恢復原狀。

第四招　行李篇

 環遊世界行李1公斤的打包訣竅

1套衣服搞定溫差40度！：行李大概是旅行中最麻煩、最難搞定的事情之一了，以前943曾因為一下飛機就得急急忙忙先趕路找旅館安頓行李，一路上拖著笨重的行囊讓愉悅的旅行變得灰頭土臉、狼狽不堪。如果不想當血拚一族，出國只背一個小包包並非完全不可能；經過幾次血淚教訓，943每次出國，除非批貨回來賺旅費，其他時候都只背一個長寬比A4紙張稍大一點的小背包上路，所有家當最重不超過1公斤。

行李中最佔空間和重量的東西除了血拚的戰利品以外，大概就是衣服了，只要掌握以下幾個衣物打包原則，人人都可以輕裝上路，享受輕鬆自在的旅行。

選擇較輕薄只有鈕釦的衣服：兩件較薄的衣物穿在一起，比單件厚重衣物還保暖，因為衣物間的空氣才是維持熱量的關鍵。輕薄衣物採洋蔥式穿法最適合，不但穿在裡頭的T恤，晚上可以當睡衣，不同的衣服也可變化多種穿法。另外，較寒冷國家室內都有暖氣，往往戶外冰天雪地，進門卻是一陣熱浪襲來，有鈕釦的衣服在進出商店或車站時方便穿脫，節省時間，也避免產生當眾大動作脫衣的尷尬。

洋蔥式穿法：帶1件長T恤、1件短T恤，外穿兼代替衛生衣。1件穿在中間的線衫、1件輕毛衣、1件防水小外套、貼身衣物、糖果襪1~2雙，每天淋浴時順便換洗，這就是943環遊世界的所有衣物了。短T穿在長T外面，這樣可以有3種變化：單穿長T、短T、長T外面套短T，3件可以天天換洗，可外穿也可替代內衣，每1件衣服都是多功能。若衣服沒乾，把衣服綁在腰際，白天走一走就乾了，晚上馬上可以拿來穿。走不動的時候從背包裡拿一件重衣出來綁在腰際，會輕鬆很多呢！

943環遊世界時
的全身家當。

不選淺色、黑色衣物：淺色的衣服容易髒、難以清洗，不過也不要穿全黑的，若是沾到灰塵毛絮，看上去容易顯髒。選擇不容易髒的衣服就等於少帶換洗衣服。

自備香皂迅速換洗：很少地方比海島型氣候的台灣還潮濕，濕衣加上毛巾包裹擰一擰，大部分都是一個晚上就乾了，實在不需要帶3、4套上衣褲子上路，而冷氣房或暖氣房裡的乾燥空氣就更容易讓洗好的衣物快速晾乾囉。洗衣服也很簡單，淋浴時用自己的身體當洗衣板，非常順手，天天換洗一點也不麻煩。

943此行沿途都是夏天，唯獨祕魯到哥倫比亞那段是冬季高原氣候，我在祕魯買了又輕又暖又便宜的駝羊毛襪及手套，也向青年旅館購買便宜的大毛巾圍住保暖（當地日夜溫差大，晚上零下3到10度，所以晚上待在房間裡，白天才活動，1條大毛巾很夠了。搭夜車時可當薄被保暖腿部），這件大毛巾到了炎熱的中美洲就送人，一路輕裝回到北美及台灣。

此外，重量輕、好洗又易乾的糖果襪、絲襪和人造纖維運動褲也是不錯的選擇，這次停留在東南亞時，好幾次都不小心被冒失的路人弄濕褲管，容易乾的運動褲只要洗一洗，沒2個小時就乾了，很方便，要是穿的是牛仔褲，那可就難洗了。943每次旅行都穿那幾件嚴選好衣，因為要穿出門旅行的衣服一定要經過很多嚴格的條件篩選：易於吸濕排汗、透氣舒適、方便穿脫且輕便、美觀耐髒、好洗易乾、保暖。最好不要選擇領口高、緊身或厚重的衣服。選擇口袋多的外套很方便，不需要動不動就翻背包，到了車站或旅館，行李一丟就可以出門玩，重要東西放在口袋，不用拿進拿出。建議旅行出發前先拿出幾件合適的衣服、鞋子和背包「試穿」個幾天，實驗看看是否符合以上條件。

　　畢竟出門旅行，舒適便利才是最重要的，美觀流行倒是其次，穿著輕鬆低調還可以避免不必要的詐騙及偷搶。綜合以上的穿衣哲學，長途旅行只帶1公斤的行李就不是神話啦！

943環遊世界只帶了1公斤背包，旅行手冊也是自己DIY。

行李只有1公斤的祕密武器

幾年前家人到杭州旅行時買了幾套只有一兩百元台幣的絲質細肩帶給943，一穿之下才知道，為何蠶絲被稱為高級衣料，因為和其他質料的衣服比起來，蠶絲真的是好處多多。

絲質衣物的優點：
一、又輕又柔。
二、吸汗又涼爽（夏天接觸皮膚時不像棉質易積熱）。
三、好洗（可每天換洗）。
四、快乾 （即使台灣潮濕的天氣也能未脫水就能在室內1～2小時內晾乾）。
五、不怕縐、免燙（即使連醬油、汙漬等惱人汙垢都是趕快輕輕搓洗幾下就能完全洗掉，非常好穿）。
果然「天然ㄟ尚好」，老天的傑作──蠶絲果然比人造纖維先進太多了。

絲質衣物也是943旅行時的祕密武器，絲質上衣加絲質短褲，兩件總共才120公克，是一般衣物重量的1/5而已，不會造成行李的負擔。要知道，行李最重的就是衣服啦！

絲質衣物穿了不但不會汗流浹背，而且用手擰乾，在國外乾燥天氣的室內晾不到一個小時就能乾，當貼身衣物穿。943旅行時每天換洗，總是晚上洗早上乾，隨便掛在室內椅背上也能很快乾，在歐美日等五大洲皆是如此，再也不必四處尋找脫水機囉！

帶一件絲質細肩帶或長袖衛生衣可少帶好幾套棉質衛生衣，是非常適合旅行的衣物，塞2件進背包每天換洗，也不過只有一小罐100ml防曬乳的重量而已，真是超輕的！

不過絲質衣物也不是沒有缺點，例如：
一、不可曝曬到太陽過久，最好晾在室內。

二、不適合以肥皂清洗，光澤會被洗掉。

三、不適合放到洗衣機洗，因為容易被質地較粗的衣物「刮」出勾紗來。

四、雖然夏天很適合穿，但冬天摸起來有點冷。

不過比起不易排汗而容易讓水氣「結凍」的棉質內衣，保暖的絲質衛生衣還是在雪地中不錯的選擇，也比排汗衣好用。

至於外衣當然是輪流每隔1～2日換洗，由於旅行不可能每天都在移動，所以停留2日以上的時候就可以輪流換洗囉！

行李少的好處

很多人旅行的動機不外乎放鬆、休閒，但旅行中不必要的行李負擔反而使得旅人無法放鬆，甚至耗費大量的體力和金錢，失去了旅行原本的美意。行李少的好處多得說不完，943一直很鼓勵大家能帶少少的行李，快樂地出門旅行。

登機前免排隊：沒對號的廉價航空，可最後一個上機，哪裡有空位就平躺休息。不用在登機門站著排隊虐待自己的雙腿，不怕搶不到行李架空間。

搭巴士時捷足先登：當別人排隊把行李放在巴士底層時，行李少的人可直接上車先選位子。隨身帶著行李也比較不容易遺失或被領錯，行李還可以當枕頭喔！

沒有託運行李時可以快速通關：尤其在印度，凡是從印度上機的班機大多載滿行李，在行李輸送帶前等上一個鐘頭是很正常的事。行李少就可不用託運、可以快速離開機場，不用在行李轉盤旁望眼欲穿、苦苦守候。

行走方便：歐洲、中南美有很多石板路，歐美及日本也有不少老舊地鐵站沒有電梯，東南亞更是有許多道路充滿泥濘，或缺乏無障礙空間，拖著行李箱沿路上上下下的，行李越大越吃力。

省錢：行李越大，寄物費、航空公司託運費用越多，在物價高昂

的國家，寄物費常常高達數百元。太大的行李，美術館和超市都是不收的，得去寄放在投幣的行李保管箱，很不划算。曼谷的地鐵甚至因為安全因素而不允許大件行李進入，各地鐵入口的安檢人員也會要求打開行李檢查。再者，行李提得越重，走路越吃力，有時遇到寒冬或炎夏就會受不了而投降搭計程車，行李少就可以省下這些無謂的開銷。

安全：小行李可避免歹徒覬覦。背著小背包在街上走看起來比較像當地的留學生，和路人差不多，不容易被歹徒一眼看出你是初來乍到、人生地不熟的觀光客，而成為被下手的顯眼目標。若遇到突發狀況，行李少能快速脫困，943先前去印度就曾遇到車夫勒索，還好當時搭的是人力三輪車，抱著背包跳下車子就沒事了！萬一搭的是計程車，行李又鎖在後車廂，那可就難以脫身了。

旅行中不能忘記的小東西

最好帶兩張以上有效信用卡：各國海關通常會詢問是否準備足夠現金以防跳機或臨時發生意外無法支付在當地的生活費，因而造成該國負擔。多一張卡等於多一層保障，最好MASTER和VISA各帶一張，943曾有幾次因為多帶了一張信用卡而幸運過關，萬一第一張連不上銀行，還可以用備用的卡試試。記憶卡和相機電池也一樣，多帶一個以防意外。

不同顏色塑膠袋做分類：943行李裡的東西，全都用不同顏色的塑膠袋包裝分類。例如充電器、讀卡機之類的3C小物用白色袋；衣物用的是紅色袋。盥洗用品用的是有提把的透明夾鍊袋。票根、收據等紀念品用自黏防水包裝袋裝好。另外再準備幾個空袋子，盛裝旅途中採買的食物。

小錢包，大學問：出門旅行最重要的莫過於隨身財物安全，尤其是到小偷猖獗的地方，難免擔心錢財被偷。943建議出國旅行通常是準備兩個主要錢包，一個放護照、信用卡、大頭照（在國外辦簽證或護照遺失時使用）、大鈔（以透明包裝紙包裹防水），貼身攜帶，藏在衣服裡，平時盡量不拿出來。另一個零錢包專放小鈔和零錢，上面吊一個小

指南針，建議一定要有防扒鍊及扣環，943的零錢包就曾因為鍊子扣住褲頭而免於被扒。千萬別帶霹靂腰包，那等於昭告小偷，身上所有值錢的東西統統放那裡。

記憶卡多帶幾張：為了防止記憶卡故障就毀了旅途中所有回憶的悲劇，記憶卡最好多帶幾張；帶一張64G的卡，不如帶兩張32G，甚至

除衣服、錢包和相機外，943行李內的所有物品。

四張16G，分散風險。這樣萬一記憶卡故障或遺失、被竊等，才不會損失所有路上拍到的珍貴照片喔！

　　相機記憶卡雖可相容SD卡，但943建議買micro SD卡，使用附贈的轉卡就能當SD卡用，以後也可以不用轉卡而直接當手機記憶卡用，也可直接將記憶卡插入手機中發facebook，可說是一舉兩得。

小偷絕對想不到！943自創防竊錢袋 DIY
分享一個943自創不用花1毛錢的貼身錢袋DIY方法，非常簡單，完全不需要任何針線。
材料：乾淨的舊長筒襪1隻（最好是不成雙的孤兒襪子）或絲襪
做法：1. 剪掉襪子的腳掌部分，剩下襪管。
　　　　　2. 鬆緊帶那端朝手肘、裡層朝外反穿在手臂上，將下半部襪子往上摺，將內層包在裡面。
　　　　　3. 把鈔票塞入襪管鬆緊帶以下反摺而成的空間就可以藏錢囉。可用夾鍊袋防水。
這個方法是利用襪子的中空特性套在手上達到貼身的效果。將襪子反摺形成袋狀就可以藏鈔票，再利用襪頭的鬆緊帶來束緊，這樣一個完全不用花1毛錢的錢袋就做好了！如果不放心的話，也可以用二隻襪管的鬆緊帶上下固定住鈔票。硬幣就還是放在錢包

裡，免得小偷要是翻不到錢包開始搜你的身，那可就不得了了。
睡覺的時候可以把這個貼身錢袋套在上臂，外面也可以套一件上衣遮住，誰會想到要往你的袖子裡偷錢呢？而且也不像貼身腰包一大片貼在肚皮上，夏天這樣貼可是會長疹子的。別花錢特別買貼身錢包了，趕快找出不用的乾淨舊襪子動手做吧！

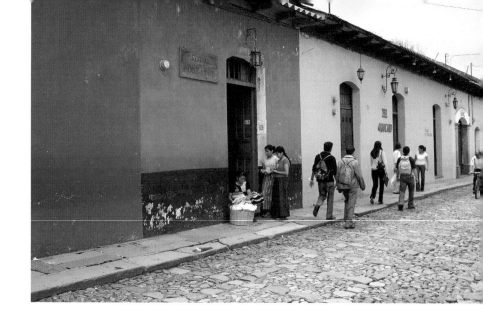

第五招　外幣匯兌篇

 ## 換匯前需先做功課

　　943通常會先在台灣換好外幣，因為在很多國家無法以台幣換外幣，或匯率極差。如果是在台灣換不到的貨幣，可讓強勢貨幣——美金出馬解決。美金可說是環遊世界必備貨幣之一，幾乎全世界都可兌換，中南美洲的許多國家還可通用。

　　943也會把前次旅行沒用完的外幣帶在身上，包括新加坡幣、人民幣、俄羅斯幣，還有數年前趁著日幣大跌時買的萬元日鈔，當作緊急備用金。而利用網路銀行兌換外幣，可節省一些臨櫃的手續費，觀察匯率分批兌換省更多。

　　出發前上網查詢該國的換匯方式，並先計算好大約花費。觀光客少的國家在機場及邊境的匯率最好，市中心很少有可以換錢的地方；觀光客發達的國家則相反，要到市中心才有好價錢。一般而言，中南美洲除了觀光客很多的祕魯以外，其他國家在非觀光地區換匯都很不方便，要

走很久的路才能找到一間兌換外幣的店家，且價格不美；而銀行的匯率常常比邊境的個體戶還差，還是在入境時一次換足，免得徒增麻煩。另外，943也會準備小鈔，在旅行時盡量用小鈔。大鈔除了攜帶方便，還有在泰國面額百元美金的匯率比面額50好以外，其他可說是缺點多多。不但容易被坑「沒零錢找」，或店家藉著找零錢消失不見人影，遇上索取小費的場合，例如海關或餐廳，大鈔更是「肉包子打狗，有去無回」。

總之換匯要划算，可以遵循以下幾個原則：

1. 拿美金到當地換比在台灣用台幣換還划算的國家：韓國、泰國（面額越大匯率越好）。

2. 能在台灣換到的貨幣，就在台灣換。因為這代表與台灣往來頻繁，匯率較為公道。線上換會比臨櫃更優惠。

3. 歐洲地區先換成歐元，其他地區先換成美金，再到當地兌換。

4. 觀光客不少的國家，街上匯率比機場好。觀光客很少的國家，最好先在機場或邊境換，因為市區找銀行更不方便，例如中南美洲、伊朗……

環遊世界 第一站：亞洲

Traveling around the world

亞洲路線安排

（停留4天）

第1天

捷星航空
（台北→新加坡）

★ 安排理由
當時由台灣出發最便宜的
廉價航空

新加坡

★ 安排理由
距離吉隆坡很近

火車臥舖
（新加坡→吉隆坡）

★ 安排理由
臥舖車票只要$800
很便宜

第4天

吉隆坡

★ 安排理由
海灣航空亞洲飛歐洲
最便宜的起點

海灣航空
（吉隆坡→過境巴林→法蘭克福）

★ 安排理由
當時亞洲飛歐洲最便宜的機票，
又提供轉機免費食宿

新加坡機場有不少
貼心的免費服務，
例如：網路和腳底
按摩機。

 新加坡機場好康全攻略

新加坡不愧是個國際化都市，一下飛機就有貼心的服務，機場內不但有免費網路、免費腳底按摩機、超便宜的員工餐廳（943第一本書《一張機票玩6國》中有詳細介紹），在入境前的轉機大廳還設置了免費市內電話，這次943就是用機場的0元市內電話，先打電話給新加坡借宿主人，再到機場員工餐廳吃25元的小吃。

新加坡樟宜機場總共有三個員工餐廳，有標示員工價和一般遊客價，這三個航廈的員工餐廳都是對外開放的。其中Terminal 2的員工餐廳比較小也不是那麼舒適，推薦去Terminal 3的B2美食街food court，很多員工在這裡用餐，他們是憑卡打折，所以T3美食街不像T1員工餐廳標了兩種價格。第三航廈美食街有超多家餐廳，價格大約從4塊新加坡幣起跳，大約台幣100元，中、馬、印、星等國食物都有，佔地應該有一個足球場那麼大吧？旁邊還有超市可以買東西呢！

如果你要去的地方接近新加坡的島嶼中央或東北角，還可以利用新加坡機場的免費接駁巴士，搭到捷運站再轉車。例如新加坡島中央的宏茂橋捷運站和新加坡東北方的盛港捷運站，從第三航廈的Gate 8上車，每小時一班車。最早的班次大約早上10～11點，最晚也到晚上10點左右，詳情請見新加坡機場網站。

新加坡機場的員
工餐廳，提供旅
客便宜美食。

　　新加坡機場曾被各國網友評選為全球排名第一的「金枕頭」最好睡
機場。943心目中新加坡機場裡最好睡的沙發，是在第三航廈的沙發，
在食廊後方有一排長沙發是可以平躺的，而且藏身在小沙發的後方，比
較不會被人來人往的推車吵到，可以好好休息，非吃飯時間還滿安靜
的。這裡的小沙發和其他機場內的紅色小沙發不同，是沒有電視的，所
以也比較安靜囉！離飲水機也不遠，轉機或搭深夜抵達班機的人可以考
慮在此過夜。

　　Terminal 3還有一座四層樓高的溜滑梯(Slide)，只要在新加坡T1、
T2、T3和Budget Terminal機場內吃飯購物消費滿10元新加坡幣，就
可以到服務單位換一張玩溜滑梯的單子去滑梯入口掃描，掃描完就可以
溜下去了。如果沒有消費，另一處免費溜滑梯入口在B2，雖然只有一～
兩層樓高，不過比較不恐怖，從B2滑到B3，愛滑幾次，就滑幾次。

　　在T2往T3電車搭乘處前面，有一些有趣的手作體驗，像是押出與新
加坡有關的花紋，有好幾種圖案可以選。還有可讓旅客自行拓印帶回家
當紀念的免費蠟筆拓印版畫體驗，T2、T3都有，新加坡機場也找到影印
紙公司贊助。基本上這些免費設施大多是找廠商贊助，新加坡政府自己
沒花太多錢，實在是一個聰明的機場啊！T1、T2、 T3都有電車連接，就
算不是在T3起降也可以跑去玩啦！

943搭上電車，到了約定好的捷運站，臨時卻找不到借宿主人，等了好久，於是鼓起勇氣和一位好心的女生借手機，才聯絡上對方。

　　在旅行中難免會遇到突發狀況，因此學會勇於向當地人求助，如果只是舉手之勞，通常當地人會樂意伸出援手。943之前去斯里蘭卡旅行時，有嘟嘟車司機看我在路邊等人等了很久，即使語言不通，卻主動把他的手機伸到我面前，比手畫腳地問我需不需要借用手機，真是有人情味啊！

　　問路的經驗也常是判斷當地人友善程度的好依據，943旅行到馬尼拉時，儘管治安不佳，店門口有許多荷槍警衛，但被問路的民眾多半會帶我到路口比手畫腳講兩次，確定聽懂了才離開。有些防衛心很強的獨裁國家人民則對於問路愛理不理，只會說：「直走！左轉！」回答不超過兩個字。

　　由於之前已到過新加坡數次，因此這次就把新加坡當作路過，只排2天停留。不過943對圖書館很有興趣，於是專程到了外觀超像科技公司總部大樓的新加坡國家圖書館一探究竟，裡面不但有冷氣、有飲水，還可以順便把背包免費寄放在圖書館的上鎖置物櫃中，兩手空空、無行李一身輕地去外面逛逛。943用亞洲萬里通的里程數兌換到2張新加坡最新招攬遊客的利器——Singapore Flyer摩天輪門票，市價800元，搭完摩天輪後再回圖書館，只要在閉館時間前取回行李就可以，十分方便。

　　新加坡有不少不用花錢的著名景點，除了最著名的魚尾獅，其他多半是逛街購物或富有文化特色的地方，例如小印度、牛車水、阿拉伯街、老巴剎、大榴槤。由於印度物價便宜，因此在新加坡的小印度區可以吃到低於當地物價水準的印度小吃或自助餐，例如海南雞飯一盤100多元台幣，印度自助餐卻只有50元起跳，一些藥品、飾品等也特別便宜。

　　牛車水是當地的唐人街，通常是觀光區的物價，看一看就好，若要買紀念品還是在小印度區買，比較容易找到物美價廉的東西。阿拉伯街附近有壯觀的回教寺院，還有滿街的布料店，而老巴剎是小吃中心，以及同樣位在海邊俗稱「大榴槤」的濱海藝術中心，館內有時會有表演團體在音樂廳外彩排，民眾可看免費表演，逛完魚尾獅後，進去吹吹冷氣也不錯。

為鼓勵民眾多看書,新加坡圖書館多設在購物中心內。

 圖書館藏在購物中心裡

通常台灣的縣市圖書館都位在市公所樓上、巷內或交通不方便的地方,但新加坡政府為了鼓勵青少年多利用圖書館,社區圖書館多半設在當地人幾乎天天都會去的購物中心,而且新加坡幾乎每家圖書館都在人潮洶湧的商場內。

進到圖書館,裡面好多漫畫和視聽資料,就連新加坡的國家圖書館看起來也像摩登豪華的辦公大樓。新加坡圖書館的現代化不只展現在建築上,他們還有自動借書機,還書只要拿去「刷」一下就好,更妙的是,罰款直接從銀行扣,習慣不還書的人想賴都賴不掉。

 星馬臥舖火車省錢又乾淨

比起搭飛機,一般而言,從新加坡搭臥舖火車到吉隆坡可省下約台幣1200元,我刻意選擇了新加坡到吉隆坡的臥舖列車,晚上從新加坡上車,早上醒來人已經在吉隆坡了,真好!這班車開得很慢,選在晚上上車、早上抵達,正好睡一覺就到了,是不少到新加坡工作的馬來西亞人假日回鄉的交通工具,可省下一夜的住宿費。

這班來往於星馬的「EKSPRES SENANDUNGMALAM」臥舖火

車有一等車廂，但是票價比機票還貴，所以當地人都搭ADNS的普通車廂，從新加坡到吉隆坡是每人800元台幣左右，從吉隆坡到新加坡則是大約400元，相同的距離，卻隨著購票點不同而有兩倍的差價。一般座位車廂票價非常便宜，臥舖的上舖比下舖略窄，價格也比下舖便宜一些。上下舖都有簾子拉上以保護乘客隱私，臥舖有枕頭、枕巾、床單、薄被單（沒有棉被），冷氣有點涼，最好自備小外套以免感冒。床頭燈通常是不亮的，光源還是得依靠走道上的燈光，走道上整晚都會開燈，半夜起來上廁所不用怕。不過車廂間沒有茶水，車上也沒有食物販售，最好自備飲食。

由於馬來西亞物價便宜許多，因此943建議「馬→星」時，最好先在馬來西亞買好火車上的飲食和隔天早餐的麵包，因為一到新加坡，物價馬上就是兩倍以上。若從馬來西亞到新加坡，早上最好在6:30車掌叫起床以前去上洗手間，因為等到進到新山站時，由於車站衛生問題，火車上的洗手間都會上鎖不給人使用，海關一個車廂一個車廂查驗護照需要一些時間，除非把握時間在停留新山站時到車站內上洗手間。目前車站內洗手間是不收費的。

而「星→馬」時，新加坡鐵路檢查哨（Woodland check point）的洗手間是途中最乾淨的，也是最後可以補充生飲自來水的機會，因為一入馬來西亞，自來水是無法生飲的。

星馬臥舖火車是由馬來西亞鐵路局經營，943搭過幾次，絕大部分都是相當準時的，除了有一次從吉隆坡到新加坡途中因電力設備停車2小時，但後來也加速行駛，最後還是準點抵達新加坡，只是該次又因為

星馬臥舖火車是943搭過幾十趟各國火車後，覺得最乾淨的臥舖火車之一。

新加坡海關大廳停電出現延誤，平常極少出現這種誤點狀況。

　　新加坡面積小，星馬的邊關距離新加坡較近，因此萬一行程中有延誤，也只有「馬→星」方向比較容易不準時，出入境出現變數的機會是在抵達終點下車前。

　　而「星→馬」方向則是晚上一在新加坡上車後半個小時就抵達邊關，一過了邊境，就算火車因故停駛數小時，也有足夠的時間加快速度趕在準點抵達吉隆坡KL Sentral火車站。聽車上常搭星馬火車臥舖通勤的當地人說，此班火車非常準時，就算有故障，「星→馬」方向也都會準時抵達。

　　隔天一早，車掌會把所有乘客叫醒，不用怕睡過頭。馬國海關在星馬邊界沒有設置出入境海關大廳，因此官員會上車一一查驗護照，乘客等到了新加坡再下車過關入境。

　　萬一時間上臨時要更動，馬來西亞鐵路局可接受車票改時間，但差價遇多需補、遇少不退。若要退票，則只能取回原車票票價的50%。

　　許多馬來西亞白領上班族會搭星馬列車通勤，到就業人口較為缺乏的新加坡上班，因此星期五晚上的車票特別難買，不妨事先上網預訂。在943搭過的數十趟世界各國的臥舖火車中，星馬臥舖火車算是很舒服、乾淨又安全的，也是很不錯的省錢方法之一，建議大家可以多加利用。

來回星、馬的臥舖火車，是省錢旅遊的好夥伴！

吉隆坡飛歐洲省很大

　　2008年7月，943開始環遊世界時，當時最便宜的就是海灣航空的「吉隆坡－歐洲」航線，單程票價含稅只要2萬台幣，票價比從亞洲其他國家出發便宜，是當時亞洲飛歐洲的首選。加上在馬來西亞辦簽證很方便迅速，當地物價又便宜，於是我二話不說，馬上決定經由新加坡去吉隆坡。

　　馬來西亞物價便宜，因此943在吉隆坡也買了不少麵包，省下在歐洲的部分餐費。巧克力麵包在馬來西亞是1馬幣（台幣10元），到了歐洲就變成白麵包要價1歐元（台幣約40元），一星期的麵包就能省下210元，可以多吃幾餐了。

 # 產油國超奢華的免費旅館

　　從吉隆坡搭乘海灣航空往歐洲，不但是當時最便宜的歐亞機票，還提供免費過境旅館食宿及過境簽證。一般入境巴林的觀光簽證要1千多元台幣，但若搭海灣航空在該國轉機，則可獲得免費過境落地簽證，航空公司還會安排巴士接送到旅館，可以說此行在巴林過境的期間，1毛錢也不用花。

　　到了巴林機場，我原本想出機場看看這個首度踏上的中東小國，但外面40幾度的高溫讓人立刻打消了念頭，那裡的空氣熱得像是置身在會把人融化的烤箱。還好在降落時已經先從空中俯瞰，發現機場外大部分是一片白沙和遠處白色的房子，除了白色還是白色，我想就算在沙漠中走到死，也不一定能看到什麼新奇的東西吧！

　　一出登機門就排了好久的隊伍，最後我終於憑著登機證領到一張旅館入住單及落地簽許可之類的文件，跟著一大票歐美乘客搭上小巴士前往旅館。

來到中東國家，
一抵達機場就感
受到特殊風情。

　　上了接駁車，很多乘客都和943一樣是第一次來到這個中東小國，
興奮得嘰嘰喳喳討論不停。巴士開到一處類似工地的地方，車速開始減
緩，車上的歐洲人忽然爆出一陣大笑，我猜他們應該想得和我一樣：
「天哪！該不會所謂的免費旅館就是在工地搭帳篷吧？」所幸巴士最終
停在一棟看起來頗豪華的旅館前，大夥兒又是一陣如釋重負的笑聲。
這飯店看起來頗高檔，裡面還有游泳池，可惜這次過境時間太短，無
福享受。

　　和櫃台要了一間海景房之後，進到房間不禁歡呼了起來，房間又大
又漂亮，此時不由得慶幸自己選擇了由巴林經營的海灣航空。素聞產油
國什麼都奢華得要命，錢簡直是比水還不值錢，過境旅館自然也是走華
麗路線。

　　這次住的過境旅館和943先前在斯里蘭卡轉機的經驗完全不同，在
斯里蘭卡住到的過境旅館是裝潢都停留在三十年前的老飯店，令人不禁
發思古之幽情。

　　一個人躺在大床上，
雖然很累，不過好奇的雙眼
還是捨不得離開電視，不知
道中東的電視節目都是什麼
樣呢？女主播也戴面紗嗎？
有泳裝廣告嗎？攤在床上讓
四肢百骸好好放鬆，唯獨兩
眼不得閒，因為得把握難得

Moutabel

Green Salad

↑免費過境旅館
贈送豐富的華麗
自助餐。
←因為航空公司
的促銷活動,如
此豪華的海景房
也是完全免費!

的時間，多看看中東的電視節目究竟長什麼樣子，那是我第一次去神祕的中東啊！我不斷地按著遙控器快速瀏覽各台的電視畫面，主播是沒有戴面紗的女性，也沒看到泳裝廣告，不然一定要拍照回來給親朋好友們分享。

有位馬來西亞女生來台旅行的遊記，居然因為台北超商裡陳列的八卦週刊封面是清涼泳裝，而誤以為那些是色情雜誌，真是文化差異呀！

雖然電視上的新聞主播和其他國家沒什麼兩樣，不過MTV卻很不精采，一部MTV從頭到尾都是一個男人一副失魂落魄的樣子，穿插著另一處某個女子緩慢騎馬的畫面，這樣居然可以唱5分鐘直到結束，要是在台灣，應該會被抗議「騙錢」吧？

雖然住到豪華旅館很開心，不過在此發生一件小危機，因為從台灣帶的牙刷刷毛太軟，以至於刷不乾淨讓牙齦開始腫痛，很不舒服。但沙漠裡方圓百里沒有賣牙刷，旅館附的牙刷刷毛更軟，最後我靈機一動，向旅館借了剪刀，把牙刷毛剪短剪齊，看看刷毛會不會稍硬一些。心想要是沒效的話，大不了飛到歐洲時花錢重買一支，還好這招滿有用的，那支「被剪毛」的牙刷竟然刷得很乾淨又順手，從此沒再牙痛過。歐洲的牙刷多半要價數百元，這招算是省下一筆無謂的開銷。

贈送轉機旅館的航空公司及機場總整理

2015年若要訂歐亞線轉機過夜，仍有不少可申請該國免費過境旅館的航空公司：皇家約旦（安曼）、阿聯酋（杜拜）、越南航空（河內）、中國國際（北京）、中國東方（上海）、中國南方（廣州）、大韓航空（首爾）、日本航空（東京）、全日空（東京）……等。提供免費市區半日遊的則有越南航空（河內）；無論搭乘什麼航空，只要轉機時間超過一定時數就可申請的則有新加坡樟宜機場、首爾仁川機場、土耳其伊斯坦堡阿塔圖克機場。詳見：http://goo.gl/9x7Abn

機票Pass飛東南亞10國僅5500元

　　亞航2015年推出東南亞通行票「AirAsia Asean Pass」，可依點數在亞航於東協10國——馬來西亞、印度尼西亞、新加坡、泰國、汶萊、柬埔寨、菲律賓、寮國、緬甸和越南的130條航線飛行。以點數10點的通行票為例，支付台幣約5,000元及各點機場稅共約500元台幣，可折抵飛行點數1點的航線在30天內飛行10次。

　　過去曾研究如何將日本火車通行券發揮到最大值的943，這此也研究如何將飛行通行票發揮到最大C/P值的方法。如果環遊世界想造訪最多城市，建議可照以下路線：

宿霧1點→亞庇3點→巴里島1點→萬隆1點→新加坡（火車或巴士）
→吉隆坡3點→仰光1點→曼谷→（巴士到柬埔寨、越南）
＝5,000元＋機場稅約500

說明：
由於此機票通行券沒有包含台灣，建議可從台灣購買宿霧航空機票單程含稅約1千元到宿霧，再開始啟用此通行票。由於中南半島陸地相連，臥舖火車或巴士都很方便又便宜，採陸路移動比較好，將飛行的點數和30天期限用在前半段（宿霧至曼谷）跨海的航線，這樣陸路（泰國、柬埔寨、越南）的旅行天數就可以比較充裕，不必趕在通行票到期內走馬看花。最後從越南搭越捷航空單程約1～2千元回台，這樣即可花5,500元左右一次造訪東南亞10國。

亞航通行票詳情：
http://www.airasia.com/my/zh/book-with-us/asean-pass.page

有趣的是，不少熱門航線都要扣較多點數，但若經過二線城市，就可以用較少點數抵達。例如馬尼拉飛宿霧需1點，宿霧飛亞庇需1點，但若直接從馬尼拉飛宿霧就要扣3點。另外，亞庇→美里（汶萊旁）扣1點，美里→新山（新加坡旁）扣1點，但若從亞庇直接飛新加坡，就要扣掉3點。新山飛印尼萬隆需1點、萬隆飛巴里島需1點，不過如果從新山或新加坡飛巴里島要扣3點。曼谷飛金邊或胡志明市只需1點、從金邊或胡志明市飛吉隆坡只要1點，但若直接從曼谷飛吉隆坡卻要3點，這樣通行票的10點額度只能飛三段或三國，很不划算！而且其實從曼谷可以搭臥舖火車沿途慢遊合艾、檳城（北海），不需要浪費通行票的點數，也不必付機場稅；除非趕時間，否則連接馬來西亞與泰國南部，臥舖火車是比飛機更經濟、比巴士更安全的選擇。

還好，943這樣做……

1. 在吉隆坡買了不少麵包，在歐洲省下很多餐費。
2. 飛歐洲機票是買中東國家的航空公司，而非斯里蘭卡航空，因為石油小國超有錢，過境旅館等級很豪華。
3. 由於吉隆坡的海灣航空地勤無法確認台灣護照是否可用法國申根簽證進入德國，花了許多時間查證，還好先買了機場巴士票，提早4小時到機場，才沒延誤班機。

如果重來一次？943會……

1. 直接飛吉隆坡，但不經過新加坡。現在台灣也有廉價航空直接飛吉隆坡，選擇更多。
2. 從香港轉機，現在台港段下殺許多，香港也有很多比台灣便宜的機票。
3. 從曼谷轉機，現在台灣飛曼谷有本土廉航，來回含稅常只要3千元台幣。

省錢策略整理

誰最省錢？

類別	省錢方法	省了多少（台幣）
交通	搭臥舖火車	比飛機省$1,200
	上網查詢到新加坡最省錢路線	搭地鐵及巴士比計程車省$800
住宿	搭火車臥舖	省了旅館費$3,000 👑👑
	沙發衝浪借宿在年輕夫婦家	省了旅館費$3,000 👑
	選擇提供免費轉機旅館＋自助餐晚餐＋簽證＋接送的海灣航空	省了五星級旅館費$4,000 👑👑👑
飲食	到超市買便宜食材自己料理	餐廳一餐最少省$150 4天10餐至少省了$1,500 每餐可省數十至上百元 👑
	新加坡機場員工餐廳美食街吃便宜小吃	
	借宿主人主動做菜招待	
	自備食物在廉價航空上吃	
	利用移民原理，在新加坡吃便宜的印度小吃	每餐可省數十至上百元
	在物價便宜的馬來西亞採買食物自製三明治	
雜支	到大型電器店免費上網、在借宿主人家上網	至少省了$300
	專去免費景點，如魚尾獅、大榴槤等	至少省$500
	Asia Miles里程兌換免費新加坡摩天輪門票	省了$800
	圖書館免費寄物	省$100
	節省飲料費及上廁所費用	一天省$200 4天至少省了$800
總計至少共省 $16,000		

環遊世界 第二站：歐洲

Traveling around the world

歐洲路線安排

（停留11天）

第4天

海灣航空

（吉隆坡→巴林→法蘭克福）

★ 安排理由
　當時亞洲飛歐洲最便宜的機票，
　又有免費轉機食宿

法蘭克福

★ 安排理由
　便宜機票、距離
　盧森堡不遠

韓恩機場（Hahn）

★ 安排理由
　有巴士可到盧森堡

巴士

（法蘭克福機場→韓恩機場）

★ 安排理由
　有巴士可到盧森堡

巴士

（韓恩機場⇄盧森堡）

★ 安排理由
　有巴士可到盧森堡

第5天

盧森堡

★ 安排理由
　金融小國、迷你古國

羅馬

★ 安排理由
　藝術之都，且
　搶到Ryanair
　航空0元機票

第8天

Ryanair航空

（羅馬→巴黎）

★ 安排理由
　當時往返兩地最便宜的機票

第16天

巴黎

★ 安排理由
　藝術之都，且搶到
　Ryanair航空便宜機票

阿姆斯特丹

★ 安排理由
　運河之都，且搶到冰島航空
　3折價機票

冰島航空

（阿姆斯特丹→紐約）

★ 安排理由
　以3折價搶到「最後1分鐘」
　候補票

Eurolines跨國巴士

（巴黎→阿姆斯特丹）

★ 安排理由
　當時往返兩地最便宜的交通

Ryanair航空
是目前歐洲最
熱門的航空公
司之一。

 Europe # 0元機票跳蚤飛行法

　　歐洲的機票一定很貴嗎？在歐洲飛三國需要好幾萬的機票嗎？答案是「不」。只要利用這種顛覆傳統思考的跳蚤式飛行法，就可以用0元機票飛歐洲Ｎ個國家呢！

　　這次環遊世界，在歐洲的部分我是這樣走的：德國法蘭克福→義大利羅馬→法國巴黎。乍看之下，好像跳蚤似地跳來跳去，一下往東一下往西，這是因為以上每一段航線都是當時能訂到的最低價機票，像法蘭克福飛羅馬這段就是0元機票，含機場稅也差不多只有台幣1千出頭。

　　廉價航空在歐洲盛行以後，不但歐洲人紛紛捨棄價格昂貴又耗時的火車而改搭飛機，就連到歐洲旅行的遊客也得腦筋急轉彎，改搭飛機來省錢囉。好比數年前943查詢過從維也納到柏林的臥舖火車票是台幣8千多、需時13小時，但是搭中價位的廉價航空卻只要台幣4千元含機場稅，飛2小時就到了。那如果是搭乘歐洲最多航點、也最常推出0元機票的Ryanair航空呢？豈不是單程含稅只要1千多？！943靈光一閃，就想到用這種跳蚤旅行的方式來省下一半以上的交通費，只要把0元或1元機票的路線串起來就行了。

Ryanair航空常有0元機票飛往義大利各城，可以好好利用。

倘若買最便宜的歐洲火車通行證（Eurail Pass），任選三國差不多至少台幣1萬左右，搭飛機不但多玩兩個國家還可以比搭火車更省一半以上的花費，甚至也省下好幾天的通車時間。現在在歐洲，搭廉價航空比搭火車便宜已經是常識了呢！

儘管Ryanair航空停的機場距離市中心都比較遠，不過就算加上往機場的交通費用也還是比搭火車划算許多。更妙的是，這些歐洲國家幾乎全都通用申根簽證，完全不需要擔心簽證的通關和費用問題，何樂而不為呢？

雖然是廉價航空，座位的舒適度仍不亞於一般航空公司。

Europe 0元機票飛羅馬

照這個邏輯,只要把有0元、1元等各式促銷機票的航班日期找出來,再試著接接看、湊湊看,沿途都是超便宜機票的跳蚤式飛法就成形了。看要出發的那幾天哪條路線便宜就先飛去哪裡。不過也要注意別過度轉機了,例如就算搶到「巴黎→米蘭、米蘭→羅馬」的0元機票,機場稅加一加也未必比中價位的「巴黎→羅馬」機票便宜,總之還是要以自己出發的日期做地毯式的票價搜尋為宜。

943先把要出發那幾天,每天各路線的票價、稅金,甚至機場巴士等多種排列組合都查好列在表格中,然後再把最便宜的串起來,取含稅總價最便宜的那條路線。不順路也沒關係,逆向思考才能避免無謂的開銷。比方說從法蘭克福往東飛羅馬、從羅馬再往西飛巴黎,就算加上機場稅、機場巴士,也比直接從法蘭克福買普通航空飛巴黎還便宜,還可以多玩一國呢!

廉價航空注意事項

　　為節省不必要的成本，廉價航空有許多新措施，值得旅客多加留意。例如歐洲廉價航空所停的機場大多離市區都不近，除了羅馬和馬爾他以外。須事先在該機場網頁上搜尋交通方式和票價，時間安排別相距太近，趕不上飛機可是無法補位的喔！

　　廉價航空的機票改期是要手續費的，不能退票，行李重量有限制，所以行李不要帶太多，訂票前要想清楚喔！

　　有些便宜的航班時段不是太早就是太晚，如果非要睡旅館，得把多花的旅館費用和機場巴士費用算進機票的「總支出」，才能知道這段機票是否划算喔！否則若為了一段0元機票還得花3千多旅館費、1千多巴士費，還是寧可買別段比較划算。

　　Ryanair航空還滿多苛捐雜稅的，例如在機場check in要收70歐元（所以一定要提早1～7天前辦好線上check in）、託運15公斤15歐元，所以比較票價時，943建議務必將「因為該航程所支出的所有花費」全部計算進去，包括稅金、機場交通、住宿等，「計算總額」才是真正省錢的方法。

歐洲藝術經典梵蒂岡聖彼得大教堂

　　說起來，在歐遊之行中排入羅馬是C/P值相當高的決定，一來因為Ryanair等廉航航班頻繁，在出發前一兩個月才訂票，也能輕易訂到歐陸其他城市飛羅馬單程含稅僅1千多元台幣的超低價機票。二來羅馬地鐵無論到各地都不到2歐元，經濟又實惠。第三也是最重要的原因，那就是羅馬有個國中之國——梵蒂岡，遊一城玩兩國，又能用0元參觀人類建築史的經典，真是太超值了。

　　梵蒂岡聖彼得大教堂有很多看頭，就連沒有導覽的門外漢也能大開眼界。還沒進入廣場就能看到來自世界各國神父與修女的各色服飾，光是廣場迴廊光影與石柱的交錯就超殺記憶卡的，遑論教堂內部高聳的圓頂與金碧輝煌的雕塑，即使參觀一整天也不嫌長。有句話說「曾經滄海難為水」，參觀過一次梵蒂岡聖彼得大教堂，可以省下歐洲很多不知名小教堂的門票，這裡也是來義大利建議必遊的景點之一。

巴黎羅浮宮聰明逛

　　到了巴黎,我發現當地人對衣著非常講究,街上可說人人都是靚女型男,就連歐巴桑也穿短裙戴墨鏡,歐吉桑則穿窄版貼身襯衫,不僅當地人很有型,街道也充滿了「藝術氣息」,地鐵車廂外都是噴漆塗鴉。

　　羅浮宮是世界四大博物館之一,館內有許多世界馳名的鎮館之寶,都是來自世界各地觀光客必看的名畫,若不挑個好時間去,就會被層層人牆隔絕在數公尺外,無法靠近仔細欣賞,或是得飽受大排長龍之苦才能隨著人龍魚貫趨近,短暫瞄個兩秒後,又被不斷從後面湧上前來的人群給「擠」走。想省錢又想確保參觀品質嗎?照著943研究的方法做就對了!

　　首先,越早進場越好!最好能在早上開館第1分鐘就進館,趕在人群聚集之前先把最熱門的鎮館三寶——蒙娜麗莎、維納斯與勝利女神逐一看過,其他的時間就慢慢參觀,免費日(每月第1個週日或每天傍晚6

點後26歲以下憑證免費）人潮更多。以最膾炙人口的蒙娜麗莎為例，早上9點剛開館時，蒙娜麗莎前的欄杆外只圍了一圈人，等到11點已經站滿5圈，下午人潮就更擁擠了。所以一定要把握時間，先把最有名的畫看完，其他的再慢慢欣賞，逛上一整天才不枉來此一遭。

　　從羅浮宮地鐵站西邊出口出站，是最快抵達售票處的方法。若售票處大排長龍，商店街中的紀念品店也有售票點，買到的票比從館內售票口買到的還便宜，票券也比較漂亮，重點是不用排隊。

　　進館前，先在金字塔底下索取各種語言的館內地圖，羅浮宮內佔地廣闊很容易迷路，這份地圖有詳細的位置圖及名畫縮圖，能讓你在最快的時間走到某幅世界名畫的位置。

　　在紀念品販售處翻閱解說書籍即可。如果不是對藝術很有興趣，那些又重又貴、帶回家十年也翻不到一次的導覽書，就別趕流行浪費錢買下它了，就算是事先買了書，絕大部分的人也是到了進館前幾分鐘才有時間猛翻惡補，還不如把樹木做成的紙漿留給真正需要的人吧！歐美許多景點旁的紀念品販售處都有賣可翻閱的書，除非是藝術專業人士，否

則到現場再翻導覽書還比較有印象。

　　自備飲料或沖泡包在餐廳旁外面的座位吃，可省下每杯飲料至少數百元的費用。館內的消費並不便宜，價格可比機場，館外有很多座椅可以坐著休息。

羅浮宮的免費中文課

　　很多旅行愛好者都期望外國人能喜歡上自己的家鄉，沙發衝浪就是基於這樣的信念成立的，受到之前巴基斯坦借宿主人的啟發，943也開始在自己的相簿裡放上一堆美麗的台灣風景照，希望多少能替台灣觀光做點廣告，讓外國人發現台灣的美麗。果然沒多久，有一位法國人寫信來問：「天哪！妳相簿裡一個叫做『Hsiao Liu Chiu』的地方是在哪裡啊？真是太美了！我從來沒有見過這麼漂亮的地方，請妳告訴我怎麼去好嗎？」

　　盯著螢幕，對著e-mail中的「Hsiao Liu Chiu」複誦了半天，我訝異的發現自己竟然完全沒概念，當初只是用英文搜尋圖片，見到美麗的圖片就放，也沒仔細去比對英文的拍攝景點。我回到自己的相簿去翻閱，那是一片美麗藍色珊瑚礁海水的照片，藍到讓人誤以為是墾丁，於是請出「Google大神」查詢，才知道原來是小琉球。

回覆這位法國人e-mail時，我禁不住好奇也瀏覽了他的相簿，發現他不但取了中文名字，而且還去過台灣許多地方，他說他很樂意當943半天免費的巴黎導遊，我則馬上回覆：我願意以一堂免費的中文課做為報答。於是到了巴黎後，我們約在羅浮宮見面。交談之後才知道原來他是一個航運公司派駐在遠東的高級主管，休假時到處走走，最後亞洲每個地方都去過了，唯獨沒有到過台灣。

　　有一天他想，就剩台灣沒玩過了，沒魚蝦也好，不妨就去看看吧！沒想到一到台灣，就被中南部鄉親的濃厚人情味給深深吸引住了，他開始喜歡上這個地方，回到巴黎後，他居然立志學習中文（他已經快六十歲了），而且堅持學繁體中文，每天打開電腦聽台北愛樂的廣播學華語。當943在羅浮宮外的階梯上打開他的中文習字簿，力求整齊的筆跡，令人難以相信是出自一個法國人之手，十分佩服。

　　這是943此行遇到的第一位哈台族，原以為這位熱愛台灣文化的法國人是稀有動物，沒想到在接下來的南美旅程中，又接連遇到了兩位主動找上門的哈台族。

若非親眼所見，很難相信如此工整的習字簿，出自一位超過60歲的法國哈台族之手！

943與兩位巴黎
女士在草地上共
進午餐。

(Europe) 體驗一日巴黎人

943住在巴黎一週左右,跟著借宿主人及另一位旅居巴黎的奧地利沙發客過著道地巴黎人的生活,其中沒出門參觀景點的日子,就和正在放暑假的她們一起這樣過:早上睡到自然醒,在廚房裡悠閒地弄早餐,吃到快中午。中午過後又該吃飯了,所以打電話約朋友共進午餐,先到超市買法國麵包、沙拉等食物,再晃到附近的公園草地上吃午餐,邊吃邊聊到下午3點。

接著晃到社區游泳池,943認真將泳衣穿戴整齊下水到泡泡按摩池裡泡,她們兩個巴黎女生卻只在池裡泡了2分鐘,又繼續在游泳池旁的草地聊天,神奇的是,待在草地上聊天曬太陽的人比在游泳池裡的人還密集。

　　真不知道游泳池是否該改名叫「聊天池」？最後傍晚打道回府，在家裡悠閒的煮了義大利麵，加上蛋黃等材料攪一攪，就成了培根義大利麵，開了紅酒又是天南地北地聊天到9點、10點，然後就各自回房間睡覺了。這就是樂在生活的巴黎人所度過的一天啊！

　　借宿在巴黎高中老師家時，好客的老師與她的丈夫除了開放客房給我這個亞洲客人外，還利用客廳接待了另一位來自非洲的沙發衝浪客。不同的是，這位來自喀麥隆的法律系學生到巴黎可不是旅行，而是來考律師執照的。無力負擔巴黎高額旅館費的他，上網找了沙發衝浪的方式省錢。可別看他年紀輕輕，可是博學多聞，除了對古典音樂瞭若指掌，還「點歌」要我和借宿主人彈貝多芬的月光奏鳴曲給他聽。

　　初見面時他一聽我是台灣人，馬上就說：「台灣？喔！我知道，蔣介石1949年跑到台灣……」真是大出我意料之外，想想真汗顏，若眼前站著別國的旅人，能說出對方的歷史嗎？

和其他先進城市一樣，巴黎不少知名景點都是不收費的，例如香榭大道、協和廣場、塞納河畔、巴黎聖母院……另外，羅浮宮及龐畢度藝術中心也有免費開放日。

至於羅馬，則有羅馬競技場（進入內場才要收費）、古羅馬市場、西班牙廣場、真理之口等，還有梵蒂岡的聖彼得大教堂……通常越是知名的景點，越免費歡迎各地的觀光客參觀。

國外聯絡，就靠App軟體啦！

    智慧型手機改變了人類的生活，以前沙發衝浪最麻煩的就是抵達當地與沙發主人聯絡的手機費，現在只要事先跟對方索取通訊軟體的聯絡方式即可，歐美Whatsapp很普及，facebook也能線上聯絡到；亞洲則是Line當道，到中國就用微信；歐洲、美國、日本、星馬大多在機場、各大車站、速食店、咖啡店都有免費Wi-Fi可使用，無論與當地人聯絡，或與家人報平安都非常方便。

    現在雖然先進國家到處都有Wi-Fi，不再像前幾年得花錢上網咖，但在Wi-Fi不普及的城市，到電腦專賣店短暫借用一下網路還挺能短暫應付緊急狀況。

    下載免費通話的App「Xone」，只要使用Wi-Fi，就能在以下地區每個月免費播打市話或手機共100分鐘的電話：台灣、香港、澳門、中

國、日本、韓國、馬來西亞、越南、印尼、菲律賓、新加坡、泰國、印度、美國、加拿大、紐西蘭、澳洲。每通電話前3分鐘免費，只要講到接近3分鐘就掛掉，就無須辦理漫遊或購買當地sim卡囉！

　　當943旅行到巴黎時，正巧接到一家財經雜誌的e-mail採訪邀約，他們覺得10萬元環遊世界的挑戰很有趣，想要在旅途中採訪我，但我沒帶台灣sim卡出國，怎麼聯絡呢？當時智慧型手機還未普及，長途電話費非常貴，幸好我在巴黎借宿的主人電腦裡有裝Skype，於是和主人商量後，與記者約了一個時間用Skype講了好久的越洋電話。現在的旅人真幸福，以前可是得花大錢打越洋電話呢！現在連漫遊費都能省下來了，科技始終來自於人性，完全不用花冤枉錢的感覺真好！

　　現在手機軟體也能解決大部分旅途上的不便，例如Google的拍攝翻譯功能，只要拍下外國文字、路標或菜單，就會顯示中文的翻譯，這樣連翻譯機都不用帶了。還有可離線使用的免費地圖軟體Mapswithme，地圖上會顯示拍照角度特別美的點，往那走就可以拍到明信片等級的美圖，還可自由標記想去的景點，非常好用。

意外登上盧森堡報紙

　　盧森堡是個很有意思的國家，千百年前曾經是領土極為遼闊的決決大國，但隨著歷史變遷，如今國土只剩下盧森堡這塊領地，但他們又不想被併入鄰近的大國，啥事都得任人擺布，因此堅持維持小國寡民的狀態。來到盧森堡這個迷你小國，觸目所及的是佔地不廣的市區內竟有美麗的城堡、山崖、蜿蜒的河流，除此之外，還可看到上百家銀行，很難想像地圖上幾乎看不見的小國竟然可以擠得下這麼豐富的美景，以及「銀行、城堡」如此兩極的景象。

　　由於盧森堡主要是以金融業為主，民眾多半在銀行上班，943的借宿主人也是銀行上班族，一問之下才知道，當地大學剛畢業的社會新鮮人平均薪資可到10萬台幣的高收入，真是可觀。

在國外行之有年的「沙發衝浪」，原來在歐洲也算頗新鮮的概念，盧森堡有位記者想要採訪沙發衝浪這個新趨勢，打算採訪一位借宿主人招待外國客人的過程，而那個外國客人不巧就是在下我啦！

於是採訪那天，借宿主人與943，加上記者與另一位從波蘭去的沙發客，四人邊走邊聊，還遇上盧森堡的民俗節慶，民眾不約而同地穿上中古世紀的服裝上街，熱鬧得好似一場室外化妝舞會，非常有意思。

玩歐洲，怎麼省餐費？

在歐洲隨便吃一頓外食也要1～2百起跳，上餐廳吃飯更是動輒1～2千，自己煮不但省錢，有時反而吃到更多蔬菜。

以下是943實驗過的幾個省餐費的方法：

午餐

1. 超市買便宜麵包做三明治，餐包10個50元台幣，三明治DIY。
2. 自製飯糰，自己帶香鬆，或在物價便宜的吉隆坡轉機時購買。
3. 冷水泡豆皮捲＋海帶芽乾＋紫菜湯包當點心，須確認入境歐洲各海關時是否可帶食物，例如倫敦禁止食物入境。

4. 經過China Town時吃或採買，前提是要有周遊券，或順便經過時才划算，不要專程花車錢過去採買，交通成本太高的採買不一定划算。
5. 熱水泡泡麵，但不便宜，重量也不輕，1包30元又沒飽足感，最大的缺點是歐洲商店一般不提供免費熱水，較不建議。
6. 自備220V電湯匙，先燒水再放料否則食物會黏住湯匙，可帶乾吃的泡麵。不過要小心電壓問題，通常943寧向借宿主人借廚房煮，比電湯匙安全。

晚餐

1. 在當地超市買義大利麵晚上煮，加上便宜生鮮蔬菜做配料，最低一餐台幣50元可搞定，水果1公斤50元以下的也不少，總之什麼便宜就買什麼回去變化菜色，只要每天有菜有肉，營養均衡即可。

2. 長期在一個住處的話則可買米來煮（需確認有煮飯工具，微波爐可煮白米），1公斤米約可煮16碗飯。

Europe

夜宿300年歷史荷蘭修道院

在阿姆斯特丹，我住進建立於1650年的荷蘭修道院，借宿主人說，他住的房子是一間曾為修道院的古蹟，當時荷蘭在海外發展殖民地賺了不少錢（應該也包含在台灣賺的錢吧），因此富商發了大財後，回到阿姆斯特丹蓋了這棟歐洲第一間社會救濟單位，給當時的窮苦的民眾居住，後來又變成修道院，但現在由政府收為社會住宅，開放給民眾租屋，只租不賣，變成一個有中庭有綠樹的小社區。

這間居住單位大約20坪左右，有樓中樓和迷你小後院。這樣的房子在台北應該是那種每月管理費上千的豪宅，在這邊卻是政府以低價租給無殼蝸牛們的住所，租金由政府調控，沒有連年上漲之虞。

阿姆斯特丹有相當高比例的居民住在社會住宅裡，不需低收入戶也可申請。943這位借宿主人可不是苦哈哈的窮忙族，他是很有生意頭腦的小老闆。他說在阿姆斯特丹買房子非常貴，這間房子他以低價向政府承租，將來他的小孩可以繼續用便宜租金住下去。943幫他算了算，如果他以買當地房子的錢來租這間低價社會住宅，足足可租1萬3千多年，子子孫孫都不用愁，還可以做自己喜歡的工作，一邊自己帶孩子，難怪他寧可租屋而不願買房子了。

　　不過，儘管房租很低，但其他生活支出卻不少，例如他每個月花在健保上的費用就高達5千元台幣，算算我們的健保費差不多只有他的10分之1，和歐美相比，台灣的醫療的確是便宜又方便啊！

飛機也能「搭便車」？

　　飛機也能搭便車？這可不是我信口胡謅，而是國外背包客流傳的神祕省錢法。由於歐美年輕背包客對新舊大陸彼此嚮往，許多美加背包客想去歐洲、歐洲背包客想飛北美，從數十年前，跨大西洋航線就發展出龐大的需求市場，最早是一群人與航空公司簽約，透過他們購買補位票，可以以極低的票價買到補位資格，只要當天班機還有空位，就可以劃位登機。這群人不想公開這種難得的「好康」，所以他們的網站購票的方法祕密且複雜，不但要加入他們的聊天室，還得用暗語交涉，才能買到機票。這真是太酷了，引起了我的高度興趣，不過他們的網站像是一個打不進的圈子，神祕異常。

　　幸好這樣祕而不宣的狀況出現了一線曙光，有句話說：「生命會自己找出路」，既然有群人想隱瞞3折機票的好康，自然也會有另一群人想要享有難得的優惠，於是另一群賣歐美間航線補位票的人浮出檯面搶生意，把補位票的原理、票價和購買辦法統統公諸於世，不過基於與航空公司簽了保密條款，他們不能對外透露到底這些補位票是哪些航空公司的機票，以免風聲一出，大家都搶著買補位票，該航空公司的業績會

一落千丈。後來943用3折價買到了從歐洲飛北美的機票，出發地是阿姆斯特丹，目的地是紐約，便宜的條件是必須親自到機場櫃台辦理登機，當天若有賣不完的空位才能上機，如果當天客滿，就等到隔天再到機場排隊候補。

花經濟艙的3折票價居然能搭到商務艙，真是不虛此行！

　　由於我事前上網搜尋這種票的使用經驗，知道補位票不一定當天就能補到機位，必須事前準備妥當，因此排行程時，我把目的地紐約的停留時間拉得很長，也和兩地的借宿主人講好行程可能會延後1～2天。

　　提早聯絡、準備一切、提早到機場，很幸運地，我在原定日期的第2天就搶到補位。

登機手續辦到最後，機場櫃台才突然告訴我，因為不希望旅客被拒絕入境導致航空公司得負擔遣返機票的成本，這種補位票只開放給美、加、歐盟護照持有者，但因為當初該網站接受訂票時沒有詢問我的國籍，也沒有盡到確認的義務，所以這次他們放行，不過以後這種補位票不會賣給持其他國家護照的旅客了。我對這趟能順利從歐洲飛到美國，真是充滿感恩！

順利拿到飛往美國的登機證明後，我轉往冰島航空的櫃台辦理登機，沒想到我那1公斤小行李引起了地勤空姐的驚呼：「妳的行李就只有這樣嗎？」「是啊，就只有這樣。」「請問妳到紐約的目的是出差嗎？」「我正在環遊世界。」「哇！好輕便的旅行。」她又問我如何打包得這麼輕便，寒暄幾句後上了飛機，才驚喜地發現這位好心的地勤竟幫我升等到商務艙，讓我以全機最低的票價（約經濟艙再打3折）卻坐到全機最寬敞的商務艙座位，還有當時非常先進的觸控式螢幕隨選機上娛樂，真是太感謝那位可愛的空姐了！

還好，943這樣做……

1. 梵蒂岡教堂非常精緻漂亮，跟著排隊人潮走進去參觀，不會排很久。
2. 羅浮宮除了鎮館三寶以外，其他的收藏品也值得細細欣賞，逛一整天很值得。
3. 盧森堡距離法蘭克福很近，不去可惜。

如果重來一次？943會……

1. 更早訂機票，每趟都能搶到0元機票。
2. 在歐洲極為風行的搭便車網站旅行，跨國貨車司機為排遣長途開車的無趣，常會上網招募搭便車的年輕人聊天作伴。
3. 羅馬的食物不貴，下次可停留久一點。

省錢策略整理

 誰最省錢？

類別	省錢方法	省了多少（台幣）
交通	把最便宜的廉價航空機票串起來（法蘭克福→羅馬→巴黎）	比火車省$30,000 👑👑👑
	上網預購「德國Hahn機場→盧森堡」巴士票	
	搭跨國巴士Eurolines（巴黎→阿姆斯特丹）	
	買巴黎地鐵十張票	比單買共省約$150
	羅馬借宿主人主動表示願意接機	省了計程車費$2,000
	上網查詢到羅馬機場最省錢路線	搭地鐵及巴士共$100 比計程車省$1,900
	選擇住市中心的借宿處，走路即達長途巴士站（盧森堡）	省了巴士費約$75
	借宿主人主動表示願意開車帶領觀光	省了巴士費約$300
住宿	沙發衝浪借宿在銀行員、工程師、高中老師、玩具店主人家	一天旅館$3,000 8天省了$24,000 👑👑
飲食	到超市買便宜食材自己料理	餐廳一餐最少$200 在歐洲11天33餐至少省了$6,600 👑
	借宿主人主動做菜招待	
	借宿主人買菜，我做菜給大家吃	
	自備食物在廉價航空上吃	
	用在吉隆坡買的便宜吐司、麵包夾三明治做午餐	
雜支	到大型電器店、電腦店、圖書館、社福機構等地免費上網、在借宿主人家上網	網咖1小時約$100～200，11天至少省了$1,500
	專去免費景點，如梵蒂岡教堂、協和廣場、塞納河等	至少省$1,000
	逛免費博物館或於免費時段進入	至少省$1,000
	節省飲料費及上廁所費用	一天省$200，11天至少省了$2,200
總計至少共省　$70,825		

環遊世界 第三站：北美洲

Traveling around the world

北美洲路線安排

（停留12天）

第16天

冰島航空

（阿姆斯特丹→紐約）

★ 安排理由
以3折價搶到「最後1分鐘」候補票

紐約

★ 安排理由
一生必遊的世界樞紐、有便宜的地鐵週票可走透透

百萬巴士（Mega Bus）

（紐約→水牛城）

★ 安排理由
有名的1元巴士，票價最便宜

水牛城

★ 安排理由
看尼加拉瀑布，順便踩加拿大國界（省下加拿大簽證數千元台幣）

百萬巴士（Mega Bus）

（水牛城⇄紐約）

★ 安排理由
有名的1元巴士，票價1元起跳最便宜

紐約

★ 安排理由
從紐約去華盛頓，比從水牛城出發便宜很多

第27天

華盛頓

★ 安排理由
各種免費博物館、搶到從此地飛南美的便宜機票、從紐約過去有1元巴士

百萬巴士（Mega Bus）

（紐約→華盛頓）

★ 安排理由
有名的1元巴士，票價1元起跳最便宜

廉價航空Spirit Airlines

（華盛頓→利馬）

★ 安排理由
北美飛中南美洲最便宜航空之一

 ## 通關入境學問多

在阿姆斯特丹機場check in，準備飛往紐約時，943才被地勤告知；由於943既不是歐盟國民眾，也不是美國公民，因此若要飛往紐約，必須出示回國機票，這樣才沒有跳機的疑慮。943的「洛杉磯－台北」機票雖然早在出發前就已經訂好，旅行手冊上也有訂票號碼，但顯然地勤需要更明確的證據才肯放行，因此必須到馬航的櫃台去列印一張回台機票的紙本證明。

當我循著機場人員的指示，越過大半個史基普機場來到馬航櫃台時，卻發現來的時間很不巧，馬航的櫃台正好在5分鐘前下班。不得已

回程機票一定要開票並確定日期，給海關查驗時才不易被拒絕入境。

之下，943只好折回辦理登機手續的櫃台，和他們打個商量，提議請櫃台打電話到馬航駐阿姆斯特丹的分公司，請他們傳真機票證明過來。

　　櫃台行員似乎習慣按規矩辦事，不是很願意。後來禁不住943的再三要求，原本一張撲克臉、一板一眼的櫃台行員總算幫忙輾轉打了幾通電話給馬航，最後終於順利取得電子機票的紙本證明，真是得來不易！櫃台確認東確認西的，不知不覺中已經耗掉4個小時，原本態度倨傲的櫃台行員還因為和我混熟了，多印一張紙本機票給我在入境美國時有憑證可以秀給海關看，這張紙後來發揮了幾次功用，在結束了中南美旅程，從瓜地馬拉飛到洛杉磯入境美國時，943又再一次被要求出示回國機票，非常順利地過關。

　　同樣的情形也發生在從美國飛往祕魯的路上，在華盛頓機場登機時，地勤拿著我的護照打了好幾通電話，確認了很久。後來一問，才知道原來他們不確定台灣護照能不能免簽證進入祕魯，還好事前早有準備，出發前上網找了可免簽證進入祕魯的英文規定，免簽證入境名單中包括台灣，943將那一段英文規定列印在旅遊手冊裡，出示那段證明後沒多久，就成功登機了。好在這次也是超早到機場，減少了不少變數。

拍下重要路標或建築物，可防止迷路。

住在紐約這個昂貴的世界心臟，居然完全不花錢，交換借宿真是太酷了！

0元入住曼哈頓、好萊塢

943在紐約停留期間,借宿在地價最貴的曼哈頓,當地旅館費一天最少3千,10天省了至少3萬。

紐約的借宿主人是個音樂人兼藝術家,平時都在紐約郊區的森林別墅隱居靜修、教瑜伽,而他閒置在曼哈頓的公寓則免費接待各國的背包客,小小的公寓熱鬧得宛如青年旅館。不過由於住客中總有幾個糊塗蟲,有時忘記隨手關燈關瓦斯又沒有把垃圾帶走,害他回家收到超貴帳單和清掃房子時差點沒抓狂。心灰意冷之際,他從此拒絕了所有的借宿徵詢。

當943收到他滿是苦水的拒絕信時,覺得這樣熱心的人實在不該受到這樣的對待,於是回信安慰他,沒想到過了幾天收到他的回覆,他說943是唯一一個回信安慰他並道謝的沙發客,於是他決定只給我住,

在LA住在長得像湯姆克魯斯的好萊塢演員家。

在紐約住在最貴的曼哈頓，以1天旅館價格台幣3千計算，10天就省了3萬元。

後來甚至改變主意在943停留的那幾天重新開放接待其他背包客。坦白說，身為熱門旅遊城市的紐約，沙發衝浪住宿並不好找，就算找到，也只能找到位在皇后區、布魯克林區等市中心以外的地區，能在寸土寸金的曼哈頓找到一個棲身之地，實在很感謝幸運之神的眷顧。

有趣的是，為什麼這位借宿主人敢讓未曾謀面的人在他不在時住進家裡呢？他說因為他有一點所謂的「特異功能」，他會對著來信者在網站上的檔案照片冥想這個人到底是不是好人，沒問題的才可以住進他家，所以我們也是經過認證的好人嗎？呵呵！

一起住在紐約曼哈頓公寓的沙發客。印度裝扮的是美國人、自由女神髮型的是韓國人，還有3個奧地利女生。

買NY週票很划算，可以紐約走透透、地鐵坐到飽。

　　在洛杉磯，我住在身為好萊塢演員的借宿主人家。他是個長得像湯姆克魯斯的帥氣年輕人，女友則長得像琳賽羅涵，有趣的是這位美國男生卻是個不折不扣的哈日族，平常勤於練習日本劍道，當他穿著日本劍道服示範劍道給我看時，還真像電影《末代武士》的場景呢！

　　通常關於大移動以外的市區交通費，943會先搜尋有無主動樂意開車導覽的沙發衝浪主人，如果沒有的話，就找免費接駁車、1元巴士，再不行，就研究當地的交通優惠券。還沒飛抵紐約時，紐約的借宿主人就熱心地在信中提醒：如果停留7天以上，買地鐵週票十分划算。果然，當943一抵達紐約，買了週票後，發現真是好處多多，不但中途搭錯車也不用擔心，還可以把較遠的景點盡量排進週票有效期間，其他日子走路到附近的景點省車資。

　　不只在紐約買地鐵週票或月票很划算，在水牛城巴士及聖地牙哥時也買了電車1日票，省下不少開支。

　　紐約身為人文薈萃的大城市，各式各樣的社區福利應有盡有，而免費巴士和免費渡輪就成了觀光客省錢的大好康了。

　　自從943在網上發現下曼哈頓有免費接駁巴士和通往史丹頓島的免費渡輪後，就興致勃勃的計畫起「免費看自由女神」的路線，一心想替其他預算有限的旅人實驗這個有趣的玩法。

North America 搭免費巴士順遊下曼哈頓

　　這輛名為Downtown Connection的免費接駁巴士是為了服務社區民眾所設的福利，巴士沿線經過的景點可不少，包括唐人街、華爾街、布魯克林大橋、世貿遺址……等地。943建議先搭Downtown Connection免費接駁巴士直接殺到渡輪碼頭。去程時船往南走，神像島在西邊，早上看時陽光直射自由女神像，比較沒有背光的問題，拍照效果很好。回程下船之後走路到附近的華爾街看金牛銅像，感受世界金融中心的物換星移，再搭接駁巴士沿途走走玩玩下曼哈頓，到世貿遺址憑弔，中午到唐人街吃飯。

Downtown Connection Bus
http://www.downtownny.com/
getting-around/downtown-
connection
10:00－19:30，每10～15分鐘一班車
Staten Island Ferry
http://www.siferry.com/

通往史丹頓的免費渡輪，還能看見自由女神。

 看自由女神，免費的更棒！

　　Staten Island Ferry開船的碼頭位於曼哈頓島的最南端，渡輪是為了服務島上居民往來市區所設，完全免費，就像高雄旗津到鼓山的渡輪一樣。船程來回共約1小時，渡輪會經過自由女神坐落的小島，從渡輪上欣賞自由女神可是完全不花一毛錢呢！

　　渡輪在去程時和神像島靠得較近，回程時較遠。若要拍照最好在去程時一上船就往最後面的右方走，早點卡到好位才有好視野。由於遊客非常多，和欣賞羅浮宮的蒙娜麗莎一樣，動作太慢的人，只能被擠到人群第三排伸長脖子遙望喔！最好避開週末及上下班尖峰時間，以免人滿為患。

　　去程時，想當然耳，943選擇在渡輪右方一睹自由女神的風采，回程時，則轉往全船最前方卡位，體驗一下數百年前，橫越整個大西洋的

歐洲移民，親眼體驗看著自由女神越來越近、準備登陸夢想之都紐約時的雀躍心情。而平常在電視電影中才能看到的曼哈頓天際線，只要搭這個免費渡輪，就能不花半毛錢看到。不過要小心海風非常強勁，若要在船頭拍攝曼哈頓天際線和布魯克林大橋全景，請記得多帶一件有連身帽的防風外套，以免頭部著涼感冒喔！

　　能夠用免費的方式看到整尊自由女神像，真是太讚了！比起隨旅行團花錢搭船到雕像島，只能在神像底部仰頭看著自由女神的腳趾，用當地人的方式旅行更加原汁原味啊！旅行至此，943忍不住要說自己酷愛省錢旅行的原因不在於小氣，省錢旅行也不是浪費時間四處蒐集限制重重的折扣或鑽售價漏洞，因為最棒的省錢旅行方式就是用當地人食衣住行的生活方式體驗在地，往往比花錢旅行更能深度了解拜訪的國家呢！

紐約市中心便宜又大碗的中餐

　　紐約唐人街上有英文價目表的店大多不便宜，一個盒飯就要5～6美金以上，至少台幣150。若要便宜一點的選擇，就要找那種完全沒有英文價目表的店，也就是只外賣甚至兼批發的店家。有一家靠近Bowery地鐵站的「華豐快餐」燒臘店，它位在公園旁Hester Street & Chrystie Street交叉口，門口沒有英文價目表，擺明只想做自己人生意。每次經過總看到一列華人頂著大太陽排隊，他們為了什麼在火烤豔陽天下耐心等待？引起了我的好奇。原來一份燒臘飯的價格僅台幣70元左右，便當盒裡卻盛滿了肉，老闆忙著一直切肉、猛往便當盒裡堆，好像不用錢似的，多到吃不完，尤其打烊前去更驚人，老闆至少堆了四、五層，份量多到足以分成兩餐吃。肉的份量差不多是國內燒臘店的足足四倍，價格卻相去不遠，炒米粉一盤也才45元左右。

　　外帶餐盒需另加工本費約8元，建議最好自備容器，環保又省錢。老闆是廣東人，很好心，由於外帶另加錢才剛實施，慷慨的老闆居然說餐盒送我，不多收錢。在美國吃慣了西式食物，總想犒賞一下思鄉的

胃,由於住的地方離唐人街不遠,因此在紐約將近十天期間,有幾日幾乎是天天來報到。

唐人街附近有些麵食店非常便宜,例如鍋貼一盤才30元台幣、水餃10個60元、大餅一塊30元,快接近台北市的價格了,更別說相同的食物,在倫敦唐人街可是近乎天價。以中餐而言,這樣的價格在西方國家並不貴,943真是羨慕在美國的留學生啊!

附近的德昌超市是有名的華人超市,也是留學生必去的好地方,在紐約唸書的學生真是比在英國幸福,炒河粉一大盒才45元,還有各種中式熱炒。出國在外想念家鄉味時,紐約唐人街可說是便宜又大碗的好選擇。

8小時車程只要1元的巴士

除了英國的1鎊巴士、1鎊火車,以及《一張機票玩6國》介紹過的紐西蘭裸體巴士以外,美國也有1元巴士喔!而且是英國的1鎊巴士跨海到美國經營的公司,有個很有趣的名字「百萬巴士」。用1美金可以搭到百萬巴士,聽起來很酷吧!之前943用好幾張1元巴士車票玩紐西蘭南北島好幾個禮拜,總共只花台幣不到140元的車票費,每一趟都是至

1元巴士網站：
http://www.
megabus.com

少3～10小時的長途，而這次則是搶到從紐約到華盛頓的巴士，歷時4小時。一般台北到高雄4小時最便宜的客運票價是300多元，在美國只要搶到限量的1元巴士票，則只要花10分之一的價格喔！

這家名為Mega Bus的巴士公司，主要經營範圍在美國東西部，他們的生存法則和廉價航空相似，除了一律採取網路訂票以節省成本外，票價也採階梯式分布。也就是說，1元的座位是限量的，越早訂購就越有機會搶到1元車票，隨著時間過去，便宜的票價一一被訂光，越晚訂購到的票價也就越高。若臨時想更改車票時間，則需付手續費。

為了搶到限量的1元車票，943擬定好路線之後，第一件要做的事情就是搶到每輛車限量的1元車票。訂票系統會顯示某日某班車還剩下最低某金額的車票，無論一次訂購幾張票，每次訂購的手續費為0.5美元。刷卡成功後系統會顯示一排訂票號碼，只要列印或是抄下那一長串訂購號碼，上車前給司機核對數字就可以了，上車可是認數字不認人的喔！

通常1元巴士為了節省成本，常常在巴士總站外另設上車處，所以最好提早1小時到車站，才有足夠的時間問清楚詳細的上車地點。943從紐約搭1元巴士去水牛城時有幸在Downtown Terminal車站內上車，但從紐約的Penn Station上車時，卻花了很久的時間才找到位在馬路邊的上車點，幸好提早出發，否則錯過班車就麻煩了。

這家巴士的內裝很新，車上附設的廁所也很乾淨，車上還播放電影。不過最重要的是乘客通常不會坐滿，所以只要提早上車選位子，就可以在最後一排平躺休息，車程8小時都能養精蓄銳。主要連接的城市有紐約、巴爾的摩、水牛城、波士頓、費城、多倫多等地，遍及美東、美西，車上還有免費Wi-Fi，是長途旅行很超值的選擇。

 North America # 華盛頓博物館群，免費任你逛

　　會選擇在行程中造訪華盛頓，主要是從華盛頓飛往南美的廉航機票最便宜，再加上從紐約到華盛頓有1元巴士銜接，慕白宮之名而去的成本就不會太高，更超值的是華盛頓特區有十幾間各式博物館，幾乎都是免費參觀，而且近在咫尺，不必研究交通路線東奔西跑、四處摸索問路就能抵達，非常適合充電。

　　挑選一天作博物館日，研究好自己有興趣的博物館，就可以出發了。943挑了自然史博物館，對我這種自然史大外行而言，參觀了華盛頓自然史博物館，就可以省下參觀紐約自然史博物館的門票，何樂而不

為。其後還參觀了印第安博物館、航太博物館和國立雕塑藝廊，在後者的雕塑花園裡看到利用視覺盲點原理製作的小房子，一面走一面看著草地上的小屋，竟然有種「房子跟著我的方向轉向」的錯覺呢！真有意思啊。

 ## 不到20元前進墨西哥！

如果你和943一樣，對人文比對自然美景有興趣，或者只是想小玩墨西哥，利用美墨邊境提娃那市的「72小時免簽證特區」是很不錯的方法。

墨西哥提娃那市和美國聖地牙哥接壤，只要在聖地牙哥搭市內電車到終點站下車，通過人行步道就到達墨西哥了，非常簡單。在聖地牙哥搭電車只要幾十元台幣，我買1日券花了150元總共搭到9趟車，平均搭

前往墨西哥要注意

1. 建議搭乘大眾運輸工具前往，若開車的話，在美墨邊界很可能會大排長龍、飽受塞車之苦。
2. 請記得攜帶護照和有效的美國多次進出簽證，以免入境墨西哥後卻回不了美國，事情就大條囉！
3. 由於提娃那治安不佳，因此建議在白天結伴前往進行半日遊，並小心自身安全。
4. 墨西哥風的裝飾紀念品在提娃那買比聖地牙哥舊城區便宜，但樣式較為簡單。

一次17元，只用17元就能到墨西哥，真是吸引人！拜這個免簽證特區之賜，遊客在範圍內觀光血拚並不需要墨西哥簽證。但是自墨返回美國時會查核有效美簽，形同再次入境美國，可別忘記帶護照進墨西哥喔！943就是快要走到邊境前才想起來忘記帶護照，連忙回住處拿，萬一入境後才想起來就糟糕了。也還好事前買了1日券，沒有因為糊塗跑兩趟而多花車資。

從洛杉磯搭巴士到聖地牙哥只需2個小時左右，交通非常方便。前往提娃那市的方法很簡單，在聖地牙哥城搭當地市區電車「Trolley」藍線到終點站「San Ysidro Transit Center」，下車後隨著人潮經由車站對面的人行天橋往前走，走出天橋、過了旋轉門之後就是墨西哥了。出了旋轉門後可以看到旅遊諮詢中心，在那邊可以索取免費地圖，現場也有會說英語的服務人員提供旅遊諮詢服務。若想徒步走到提娃那市中心，從旅遊諮詢中心往右走，通過一個圓形拱橋即可到達。若想搭巴士，過旅遊中心後的第二道旋轉門可找到巴士站，坐往市中心的車資單趟為0.65美元，可收美金，找零為墨西哥貨幣。

還好，943這樣做……

1. 買了紐約地鐵週票，少花很多冤枉錢。

2. 買了水牛城巴士1日票，下錯車站還可以免費搭下一班車。

3. 買了聖地牙哥電車1日票，去墨西哥提娃那特區忘記帶護照而折返時，才沒多花車錢。

如果重來一次？943會……

1. 早點訂1元巴士，每段車票都只花1美金。

2. 多帶一張記憶卡，拍更多照片。

3. 在紐約多住幾天。

省錢策略整理

類別	省錢方法	省了多少（台幣）
交通	買紐約地鐵週票、水牛城巴士及聖地牙哥電車1日票，將距離遠的景點排在週票使用期間，其他天走路到附近的景點	比買單程票至少省 $1,000
	交通搭免費巴士Downtown Connection逛下曼哈頓	至少省計程車費 $1,000
	搭免費渡輪Staten Island Ferry看自由女神	省下船費約$400
	上網查詢最省錢路線（洛杉磯）	至少省計程車費 $1,000
	搭借宿主人的便車去超市、觀光景點	至少省計程車費 $1,000 👑
	搭1元巴士（紐約→水牛城來回、紐約→華盛頓）	省下機票共約$20,000
住宿	沙發衝浪借宿在紐約曼哈頓畫家的家、水牛城醫生家、華盛頓教授家、洛杉磯好萊塢演員家、聖地牙哥老師家	一天旅館$3,000 18天省了$54,000 👑👑👑
飲食	到唐人街、速食店買便宜外食	餐廳一餐最少$200，在北美18天54餐至少省了$10,800
	到傳統市場、99C連鎖店買便宜食材自炊	
	自備食物在廉價航空上吃	
	借宿主人主動做菜招待	
	借宿主人買菜，943做菜給大家吃	👑👑
雜支	到大型電器店、電腦店、圖書館、社福機構等地免費上網	網咖1小時約$150，在北美18天至少省了$2,700
	專挑免費景點，如自由女神、時代廣場、世貿遺址……	至少省$1,000
	逛免費博物館（其他城市的自然史博物館要收費，留到華盛頓時逛當地的自然史博物館免門票）	至少省$1,000
	節省飲料費	一天省$100，在北美18天至少省了$1,800
總計至少共省 $95,700		

環遊世界

第四站：中南美洲

Traveling around the world

中南美洲路線安排

（停留45天，返回北美8天）

地點及交通	安排理由

第27天

廉價航空Spirit Airlines （華盛頓→利馬）	北美飛中南美最便宜航空之一
TACA航空（利馬→庫斯科）	只比巴士貴一點，卻可省下十幾個小時蜿蜒山路的顛簸暈車之苦
祕魯：庫斯科Cuzco、馬丘比丘	為了看世界遺產
當地長途巴士	同樣可半躺，卻比觀光客常搭的豪華巴士省將近一半
祕魯：普諾Puno	世界最高湖泊的的喀喀湖旁、玻利維亞邊界
當地長途巴士	同樣可半躺，卻比觀光客常搭的豪華巴士省將近一半
祕魯：塔克那Tacna	距離智利邊界近、沿途經過沙漠地形
當地長途巴士	同樣可半躺，卻比觀光客常搭的豪華巴士省將近一半
祕魯：利馬Lima	在容易找到沙發衝浪的首都做數日休息
跨國巴士	比飛機省很多錢又環保
厄瓜多爾：基多	過境前往哥倫比亞
跨國巴士	比飛機省很多錢又環保
哥倫比亞：波哥大Bogota	神祕的國度、在容易找到沙發衝浪的首都做數日休息
當地長途巴士	同樣可半躺，卻比觀光客常搭的豪華巴士省將近一半
哥倫比亞：麥德勁Medellin	參觀哥倫比亞目前唯一有捷運的城市
當地長途巴士	最便宜的方式
哥倫比亞：騰寶Turbo	過境前往巴拿馬最便宜的路線
當地人通勤的16人小艇	過境前往巴拿馬最便宜的路線
哥倫比亞卡：浦嘉那Capurgana	過境前往巴拿馬最便宜的路線
當地人通勤的8人小船	過境前往巴拿馬最便宜的路線
巴拿馬：阿米拉部落Armila	因船家延誤錯過班機，因此進入鄰近部落度過兩天等飛機

地點及交通	安排理由
當地人通勤的8人小船	過境前往巴拿馬最便宜的路線
巴拿馬：波多阿巴迪亞 Puerto obaldia	過境前往巴拿馬
螺旋槳小飛機	過境前往巴拿馬最便宜的路線
巴拿馬：巴拿馬市	中美治安較好的城市
TICA跨國巴士	橫越中美最省事又省錢的巴士，和自行過關的交通費差不多，卻安全又直達
哥斯大黎加：聖荷西	中美最進步的城市
TICA跨國巴士	橫越中美最省事又省錢的巴士
薩爾瓦多：聖薩爾瓦多	中美治安較好的城市
TICA跨國巴士	橫越中美最省事又省錢的巴士
瓜地馬拉：瓜地馬拉市	觀光大國、中美物價最便宜的國家之一
當地人搭的chicken bus	最便宜的巴士、體驗當地文化
瓜地馬拉：安提瓜	文明古城
當地旅行社小巴士	最便宜又省事的交通方式
瓜地馬拉：帕那哈秋湖 Panajachel	美麗風景
當地人搭的chicken bus	最便宜的巴士、體驗當地文化

第71天

瓜地馬拉：瓜地馬拉市	在容易找到沙發衝浪的首都做數日休息、越過墨西哥至美國的廉價航空比橫越墨國的巴士便宜
廉價航空Spirit Airlines（瓜地馬拉市→洛杉磯）	北美飛中南美最便宜航空之一
洛杉磯	從北美西岸回台灣最便宜的航點，也是中美飛美國西岸最便宜的航點
飛狗巴士（洛杉磯→聖地牙哥）	美國西岸最便宜的交通方式之一
聖地牙哥	此城與墨西哥接壤，搭捷運可達墨國72小時免簽證特區，可省下墨西哥簽證費3千多元台幣
飛狗巴士（聖地牙哥→洛杉磯）	美國西岸最便宜的交通方式之一

第80天

馬來西亞航空（洛杉磯→台灣）	從北美西岸回台灣最便宜的航點，上官網訂到最便宜的北美回台單程機票

 # 不會西班牙文，
獨闖中南美洲45天！

　　開始對中南美洲產生嚮往時，不少背包客提醒那裡雖然風景迷人，但治安不佳，語言又不通，如果不會講西班牙文，很難存活下去。可是為了旅行去上半年語言課程似乎有點難度，於是忽然有個替大家做實驗的想法：如果不會講西班牙文的943都能靠比手畫腳在中南美洲生存超過1個月，其他憂心「英文不夠好是否可以出國」的人一定也可以做到！一時之間，喜歡克服限制、挑戰迷思的實驗精神油然而生。於是943抱定主意，在去拉丁美洲前，刻意不學西班牙語，直到飛機抵達的那一刻，才開始隨機應變，用英語、比手畫腳和現學現賣的西班牙文在當地生活。

　　祕魯是943第一個踏上的拉丁美洲國家，由於祕魯仰賴觀光業維生，因此就算一般民眾不通英語，卻也很能舉一反三。例如943在庫斯科的長途巴士站與小吃店老闆一家人互動愉快，他們用西班牙語問我：「妳是哪一國人？」時發現我聽不懂，就馬上說：「甲胖（Japan）？口利亞（Korea）？」果然是常和外國人接觸經驗豐富的聰明祕魯人。透過筆談，943幫小吃店一家人取了中文名字，還教主人唸中學的兒子幾句英語和華語，互動十分愉快，留下難忘的回憶。

祕魯庫斯科武器
廣場。

瓜地馬拉的玉米脆餅。 祕魯的羊肉馬鈴薯湯。

 ## 看不懂菜單也能輕鬆點餐

Latin America

不過943在祕魯暢行無阻的那幾招，到了哥倫比亞卻毫無用武之地，哥倫比亞在世人印象中不外乎毒梟和游擊隊，平時很少外國遊客。當長途巴士一過哥國邊境就發現大事不妙，因為公路旁的休息站、小吃店完全不通英語，店員一聽到英語就閃人。餐廳內完全沒有菜單之類的東西，看著車上其他乘客都一一順利點菜，這時就算手上有旅遊指南也不一定有列出店內菜色的西班牙文單字，飢腸轆轆的943忽然靈機一動，把店內客人桌上的菜色巡視了一圈，叫來跑堂，指指別人桌上的雞腿飯，再指指自己，這下先前拒絕溝通的跑堂總算了解意思了，過沒多久，雞腿飯一份終於送來，成功祭了五臟廟。

還有一次成功以比手畫腳化解危機，也是在長途巴士旅程中，司機為了排遣無聊把音樂開得好大聲，而943不巧坐在喇叭底下，被震耳欲聾的嘈雜聲弄得很難過，於是趁著停車時，下車和司機說：「歐拉（西班牙文「你好」）！」接著用雙手摀住耳朵、邊搖頭邊做痛苦的表情，再做出調整音量鈕的動作，問他「ok？」

那位司機很聰明，馬上就了解我的意思，把音量調小，成功地解除「危機」。943在祕魯曾看到一位日本女遊客努力地翻旅遊書，只為了要找「電話」這個單字的西語發音，好向店家詢問公共電話在哪裡，但其實大家都知道：只要用拇指和小指做個「打電話」的手勢，再加上找尋的表情就可以了。

講一個字就能問路

　　很多人抱著「很會講英文才能出國」的迷思，認為在國外問路一定要能流利地說出完整的句子，其實不然。若要問巴士或火車的目的地，完全不需要會說完整句子，只要講你要去的地名（發音像就可以了，地名通常是音譯，一點也不難學）、用手指指車子或方向，再搭配疑問的語氣和表情加上雙手一攤。與其說「請問這班車是往利馬的嗎？」不如指指車子並問「利馬？」相信再笨的人也會知道問題的主旨。問完以後，其實也可以不需要聽懂對方嘰嘰咕咕講的南腔北調，只要看他的表情或手勢是Yes或No、左轉右轉或不知道就好了，超簡單。

祕魯庫斯科城市街道。

可愛的祕魯小牧
羊女。

問路時也是一樣，只要講想去的地名，指指地圖，然後聽對方嘰
哩咕嚕講一堆時手比的方向，也能八九不離十地猜中。這招尤其在英語
不通的國家最好用，出國旅行時，英文好固然是加分，但還是原始的肢
體語言最管用，人類求生存的本能可是不容小覷的，兵來將擋，水來土
掩，誰怕誰！

不僅問路，日常生活交談時也一樣，遇到對方英語不靈光的時候，
隨機應變很重要。比方說，與其問：「你們有什麼飲料？」不如直接
問：「咖啡？可可？奶茶？」這樣對方多半能舉一反三，了解我們在說
什麼了。

(Latin America) 畫圖寫字搞定語言障礙

　　如果比手畫腳也無法讓對方了解，用畫圖或用寫的也是很好的方式，例如很多人都知道，和日本人溝通，寫漢字最快啦！之前943曾在日本九州別府的青年旅館裡和一個去過70多國的日本人聊著聊著就聊到東亞情勢、台灣和日本的政治經濟歷史，對歷史文化都很有興趣的我們，一個是看電視學來的三腳貓日語，一個是漢語才剛學四個月，偏偏他英文又不太通，唯一的溝通方式就是寫漢字。

要是寫漢字卻不能和日本人、韓國人以外的朋友溝通，畫圖就是世界語言了。例如時間和數字。若比手畫腳還不懂的話，寫上時間的數字，甚至畫個時鐘，上面用長針短針顯示幾點幾分，不就一目了然了？

　　先前943在越南的車站寄放行李，顧店的婦人完全不通英語，又想收兩倍的價錢，943只好拿張紙，畫了兩個時鐘，表示寄放行李開始和結束的時間；然後指指開始時間的時鐘並做個放下的動作，再指指結束時間的時鐘並用食指和中指做出走路離開的動作，最後再只給她正確數目的鈔票，她也就沒有超收寄存費的藉口了。

自製「手指翻譯機」

　　有些國家的文字勾來彎去，實在難以模仿（例如泰文、阿拉伯文等），或當地懂英文的人不多，例如東南亞、俄羅斯的西伯利亞、蒙古、中南美洲、非洲等，可以先上網把地名以當地文字和英文發音，一起列印在自己的旅行手冊上，或是到圖書館參考室翻拍或影印《Lonely Planet》，上面通常都會有當地文字的地名和英文拼法對照。到了當地問路或搭車買票時，只要指指那個字就可以了，輕鬆又簡單。

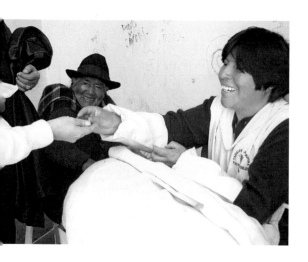

　　比手畫腳有很多好處，不會講當地語言沒關係，當地人聽不懂英語也不要緊，看不懂菜單更無妨，不需要學會當地餐點名稱和數字講法。

　　無論是到非英語系地區、對方是老人家，或旅行經過太多國家，無法一次學會當地語言等等都不是問題，反正和異國文化互動通常是最深刻的體驗，說不定還能和當地人成為好朋友呢！

瓜地馬拉安提瓜
隨處可見藝術作
品。

 問路殺價，必備比手畫腳技能

　　為了打破「不會西班牙文無法在中南美洲生存」的迷思，943在中南美洲的45天當中，只現學現賣地強記了西班牙語的1到10和「把妞」（洗手間）等少少的單字，沿途靠著隨機應變，證明了靠身體語言旅行並不難，還摸索出比手畫腳的求生大法。

　　很多地方即使英語再流利也無法與對方交談，但微笑和身體語言卻是全世界共通的，只要靈活運用一些手勢和表情，無論是點菜、殺價或問路，都可以輕鬆生存在語言不通、人生地不熟的異鄉喔！

　　值得注意的是，有些國家對數字的比法和台灣有些不同，例如台灣的「六」是大拇指加小指，這種比法在很多國家卻讓當地人丈二金剛摸不著頭腦，因為有些國家的「六」是右手食指放在左手掌心上。同樣的，「七」在台灣的比法是大拇指加食指，這個手勢我在南亞各國實驗過，沒人看得懂。最好的方式是兩隻手一起比出那個數字，或是寫出阿拉伯數字，只要不是去某些西亞、阿拉伯國家，阿拉伯數字在大多數的國家都通用。

其他好用手勢

狀　況	動　作
謝謝	雙手合十或鞠躬。
照相	食指按快門的動作。
廁所在哪裡？	做洗手的動作。（若有些地方洗手台與廁所分開就行不通，可以指指手上的衛生紙。）
附近哪裡有旅館？	雙手合十做人字形尖屋頂狀，再枕在下巴閉眼做睡覺狀，再攤開雙手、睜大眼睛、左右張望做四處尋找狀。
附近哪裡有吃的？	收攏五指，做束東西送入口中的動作，再攤開雙手、睜大眼睛、左右張望做四處尋找狀。（請注意不要做扒飯的動作，不以米飯為主食的國家看不懂這個。）
點餐	先看別桌客人吃什麼，選中喜歡的，指指那道菜再指指自己。
請給菜單	雙手合起再攤開，做出閱讀的樣子。
不要辣	嘴半張、手揮動做出很辣的表情＋搖手。
不要加醬	指指那個醬，再搖手說不要。
我不吃牛肉／羊肉／豬肉／雞肉	一面做出吃的動作，一面學該動物的叫聲並做出牛角、羊角、豬鼻子或雞拍翅膀的樣子，搖手搖頭說No。
很好吃	雙手扒飯＋豎起大拇指。
請給我開水	手掌呈杯狀，做喝水的動作。
請收盤子	指指盤子，做收走的動作。
分開付帳	指指自己、夥伴和鈔票，兩手做撥開的動作
門禁幾點？	雙手比睡覺的動作＋右手指指左手手腕表示手錶＋雙手一攤＋疑惑的表情。
Morning call	右手指指左手手腕表示手錶＋以拇指和小指做出打電話的動作＋手指比數字。
房間好吵（好臭），我想換房	先搞耳搖頭皺眉，接著指指房間鑰匙，以食指與拇指比類似「七」的手勢並搖動手腕做交換動作。好臭則可捏鼻皺眉。
請問A地比B地冷嗎？	口說兩地的地名，一面用手掌在空中比出高度，再雙手抱胸發抖做出冷的動作。再以手的高度確認高的是A地或B地即可。
太貴了，賣我5元吧	手指比出數字。（別問：賣我便宜一點好嗎？直接出價比較快）
5元可以買到什麼東西？	指指手上的5元硬幣或鈔票，再攤開手掌指指周遭，臉部做詢問的表情。
可以試穿嗎？	雙手指指衣服，再做出拿衣服在身體上比的動作。
到xx的巴士/船/火車幾點開？	嘴巴說要去的地名，手掌朝下做出平移往外的動作，指指手腕（手腕沒戴錶也沒關係），攤手做詢問表情。
音樂請關小聲一點好嗎？	先搞耳搖頭皺眉，接著做出調小音量鈕的樣子，嘴巴問：ok？ok？
我去洗手間，請幫我看顧一下東西	指指自己、掌心朝自己擺動食指中指並朝洗手間方向做兩腳走路狀、指指對方、指指自己的雙眼、指指要看顧的東西，嘴巴問：ok？

啞巴殺價法，拒絕被海削

　　殺價的時候不用跟對方解釋一大堆，943通常直接講重點，只要單刀直入講價格或是用手指比數字即可，不滿意就走人換下一家，只要態度夠堅決，有些老闆甚至還會追出來、直接端著計算機要求開價呢。尤其是印度，電子錶和棒球帽開價150，由於並不便宜，因此通常是聽了價錢就走人，但最後幾乎都是老闆追出來要我回去跟他買，原本隨便喊個很低的價錢想讓他死心，例如30盧比（大約台幣26左右），沒想到對方居然一口答應。

　　不過殺價也要看對象，如果是看似清苦的小販或小孩，除非喊價太離譜，還是別殺得太低吧！畢竟在物價低廉的國家，那一點價差對我們的貨幣而言可能沒有很多，對掙錢養家的當地人卻可能是全家老小一天的伙食費，所以殺價還是要看情況啦！943之前去越南玩時，面對越南店家海敲竹槓時，突發奇想自創一套「啞巴殺價法」。越南是共產國家，雖然民族性非常和善，許多人卻十分樂意掌握各種機會和外國人「共產」。不少人認為外國人比他們有錢，花多一點錢跟他們買東西是天經地義的事情，也因此越南的商品幾乎都沒有標價，任由商人漫天喊價。

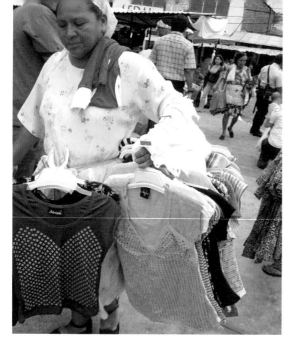

　　例如一碗豆花，當地人吃約台幣4塊，卻賣給外國人台幣34元，而且，就連越南客人，也都覺得賣外國人高價是理所當然的事。所以可別等著店家良心發現、寄望越南客人路見不平拔刀相助，要是不講價就準備被當凱子削吧！

　　啞巴殺價法其實很簡單，只要出發前上網瀏覽當地遊記，查詢當地大致物價，比方說，牛肉河粉大約多少錢、法國麵包加蛋和不加蛋的各是多少錢。到越南之後，記得先換好小鈔，想用10元買就手持10元，然後假裝很懂行情的樣子，酷酷的對店家指指手上的小鈔或硬幣，再比比要的東西，只要價錢不離譜，多半可以成功，頂多多問幾家而已。別肖想偽裝成當地人，店家只瞄你一眼就識破了。

　　切記，如果想殺到越南盾1,000，就要拿1,000元的鈔票，不需多拿。

　　靠著這招啞巴殺價法，943成功地吃到只要台幣1元的法國麵包、1元的超軟好吃饅頭、6元的河粉……等等當地人吃的價格，完全不用講半句當地話。

　　當時還沒出發去越南前，看到大部分的過來人都建議學越南話的數字講法來殺價，但到了當地以後，943的腦袋已經被前幾天學的泰國話和柬埔寨話給裝滿了，於是忽然想要實驗看看「不會講當地話能殺價嗎？」。

有一位在河內工作三個月的加拿大朋友一開始還力勸943不用嘗試，沿路一直碎碎唸說：「3,000越南盾這種價錢是吃不到河粉的啦！買一顆巧克力就沒了。」後來943殺價成功，吃到超好吃的河粉，他也覺得很不可思議。哈！早知如此，應該跟他打賭一杯越南咖啡的。

這個「啞巴殺價法」在英語不太通的日本、東南亞、中南美洲等地，也是適用的。只是在越南可以殺得很低，甚至可以把10元的法國麵包議價成5元不加蛋。而日本的商場大多是不二價，只有在一些小店、市場之類可以講價的地方派上用場。隨身帶著小計算機或有計算功能的手機、手寫數字也行得通，不過最快的方式還是直接把鈔票或銅板拿給對方看。

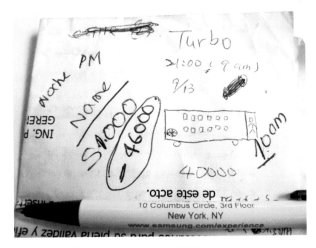

在哥倫比亞買巴士票，可以用紙條殺價喔！

另一次943到曼谷旅行時，想把身上的零錢花掉，索性掏出剩下的銅板7元指指攤子上原價10元的雞翅，沒想到要收攤的小販卻說原價12元的雞腿也可以，於是就很開心地用7元買到原價12塊錢的炸雞腿。在可以殺價的地方殺價，即使不懂當地語言也絕對不吃虧！

旅行到哥倫比亞前，943上網做功課時看到背包客分享哥國的長途巴士竟然是可以殺價的，覺得很有意思，非常想嘗試看看，於是把殺價的資訊記錄在旅行手冊中。到了哥倫比亞的長途巴士站，先一間一間詢價，問到最低價後再訂個數字出價。

雖然943不會說西班牙文，巴士公司的售票小姐也不通英語，不過用紙條畫圖、用阿拉伯數字筆談可是世界共通語言，不到5分鐘，就成功砍了80元台幣，在哥倫比亞可是能多吃一餐呢！

小巷中常能觀察
到當地庶民生活
點滴。

 祕魯的旅館比夜車更便宜

　　通常搭夜車省住宿費是不錯的省錢方式，但在祕魯，情況則有些不同，943發現不搭夜車反而更省，因為祕魯沒有臥舖巴士，最多只有仰躺45度的躺椅。由於無法平躺，若要睡夜車就得買高級一點、專賣外國觀光客的巴士，以免晚上睡不好、白天沒精神玩。在祕魯，這種高級巴士的票價是普通巴士的2倍，有時一段路多花數百、1千台幣也是很常見的，因此我盤算了一下，與其多花5百元搭高級巴士趕夜車，還不如白天搭普通巴士，晚上花2百元住便宜旅館單人房，不但可以睡得安穩又

祕魯街上有不少西班牙風情的旅館。

溫暖舒服，還省下3百元。尤其祕魯一些觀光發達的城市，如位在的的喀喀湖旁的普諾（Puno），旅館供過於求，有些旅館老闆甚至會到車站拉客，反正房間空著也是空著，因此議價空間很大，那晚943只花不到台幣2百元，就睡到中級旅館的單人溫馨小房，非常開心。

殺價在中南美洲似乎滿吃得開的，當943旅行到哥倫比亞靠加勒比海海濱的一個小鎮Carpugana時，發現當地許多民宿都空著沒有住客，於是找了一間新裝潢好的民宿，直接和老闆娘講價，最後用150元台幣就住到一間約有8坪大小還附電視的冷氣套房。當地其他旅館小小的3坪、有風扇無窗房就要將近3百元呢！

架有網站的祕魯旅館不多，能上網訂到房間的通常距離較遠，得花來回計程車費才能抵達。不如直接在車站旁找一間，比起花計程車費還便宜，還能親自看房間再作選擇，好處多多。再者，有些旅館苦無生意，老闆甚至親自到車站拉客，價錢可以殺得很低，可以用青年旅館的通舖價格住到單人房。如果已經付了別家旅館的訂金，可就沒辦法享受這種好康了，因此不一定要事先訂房。

在鐵路並不發達的中南美洲，巴士是當地民眾最常用的交通工具。而祕魯民眾收入普遍不高，因此搭巴士非常便宜，就算搭10小時的巴士，一般巴士也只要大約300元台幣。943搭著和當地人一般等級的巴士環繞祕魯一周，比起觀光大巴士更能觀察當地人的生活。

省錢保暖撇步

　　旅行到祕魯時，正值他們的冬天，祕魯內陸又多是高原地形，日夜溫差很大。白天有陽光照射時可以到攝氏10度，但晚上室外也可以降到零下3到10度。由於國外治安普遍不佳，943的原則是出國時晚上盡量不出門，夜店等地更是敬謝不敏。太陽一下山，吃完晚餐後留在開著暖氣的室內寫日記、上網、找外國人聊天，完全沒冷到，原本攜帶的衣物都夠穿，只添購了祕魯便宜又好穿的毛襪和手套。相反地，如果想在晚上出門，勢必得多花錢買毛衣，以我的行程來說，若多買了毛衣，也只有在南美洲用得到，到了中美洲後沒那麼冷，屆時多買的毛衣一定會成為累贅。所以經過評估後，943用很便宜的價格向青年旅館買了1條二手浴巾在巴士上當小被子，倒也溫暖不少，不需要花錢買使用期間不長、樣式又停留在20年前的毛衣。建議依據當地的天氣判斷，可以減少很多不必要的支出和行李負擔。

駝羊織品又輕又暖又便宜！

原來當地人的小吃店藏在市場2樓，不仔細找就得花大錢上餐廳了！

500元昂貴西餐廳旁的
50元美味牛排

　　祕魯的經濟仰賴觀光業，因此有所謂的觀光警察，英語行得通，但著名的觀光風景區門票都收兩種票價，通常外國觀光客必須付出比本地人高十倍的票價。尤其是國際級觀光景點馬丘比丘。在馬丘比丘山腳下的熱水鎮（Aguas Calientes）是登上這個世界遺產的必經之處，這個小鎮幾乎都是靠馬丘比丘的觀光客吃飯，西式餐廳林立，雜貨店賣的也幾乎都是礦泉水、可樂、洋芋片之類的西方食物，943在鎮上繞了一圈，發現街上的餐廳幾乎都是為了滿足有錢的西方觀光客而存在，只要一踏入，動輒台幣500元跑不掉。眼見此景不禁納悶，路上餐廳一間比一間貴，那麼當地人都吃什麼呢？此時又發現雜貨店店家桌上都有類似便當餐盒之類的東西，因此確定這小鎮一定有當地人去的平價小吃店，只是不知道藏在哪裡。最後發現一處2層樓建築，樓下是果菜市場，旁

邊有個樓梯上到看不出做什麼用的2樓，便猜測應該有熟食攤在市場樓上，鼓起勇氣走上樓梯，啊哈！果然不出所料，原來當地人吃的小吃全都躲在這裡啦！於是943開心地拋開街上那些動輒500多元的牛排不吃，在市場樓上的小吃攤點了一客牛排套餐，有煎蛋、炸薯條、生菜沙拉和一大盤的白飯，總共只要50元，馬上就省了500多元，真是開心

哪！再次證明省錢不是淨找些不實際的折扣，最簡單的方式就是用當地人的食衣住行方式啊！

而祕魯的庫斯科曾是古代印加帝國的首都，由於也是靠觀光吃飯的城市，街上的餐廳多半貴得嚇人！我在街上繞了一圈找不到想吃的回到青年旅館，看到廚房正在煮給員工們吃的香噴噴的牛肉飯，於是問老闆願不願意賣一盤，老闆說沒問題，於是吃了一餐超飽的牛肉飯外加好多燉馬鈴薯，吃得全身暖暖的，好舒服。不過吃完後他們卻堅持不收錢，原來他們

覺得跟客人收錢吃員工伙食太不好意思了，只好恭敬不如從命，很謝謝他們招待我一頓晚餐。

我的南美免費單人小套房

離開祕魯後，943搭跨境國際巴士一路北上，由於環遊世界必須在80天內走完，不可能每個地方都做長期停留，因此選了幾個點駐留一週以上，其他的就當作探路，下次再好好造訪。由於祕魯和哥倫比亞都是想「重點停留」的國家，因此夾在中間的厄瓜多爾這次就先路過。

為了安全考量，通常943安排行程時，會盡可能抵達新地點的時間

在祕魯吃到的海鮮拼盤。

祕魯的炒飯大多配爆玉米和鮮魚沙拉一起吃。

排在日落前。不過此趟搭乘長途巴士卻遇到一個不可抗力的狀況，唯一的跨國巴士竟然在凌晨抵達目的地。南美的治安已經夠糟了，更何況半夜4點一個外國女子在街上流連？真是太可怕了！嘗試了好多方法，包括找熱心的沙發衝浪主幫忙，不過大半夜的誰會上街去接一個素昧平生的人？943也不好意思勞煩別人半夜出門，只得見招拆招。

　　巴士到站時，坐了好久長途巴士的身體已經很疲累了，還得留點體力為長久打算，聽站務員說這班巴士一到，他們就準備下班。此時943靈機一動，詢問即將打烊的巴士站工作人員可否讓我一個人睡在候車室？那個巴士站就像統聯在鄉鎮的搭車站一樣只是個小店面，工作人員拉上鐵門後，我把幾張沙發拼在一起變成一張床，整個打烊的無人車站就成了免費單人小套房啦！還有飲水機和洗手間，解除了漫漫長夜在治安不佳南美露宿街頭的危險處境，還可補眠到白天，真感激那位願意幫忙的巴士站員工啊！

(Latin America) DIY手電筒，引起圍觀

　　出外旅行坐夜車，身上帶著一支迷你手電筒非常有用，無論在車上找東西、看時間或下車時照路，都有幫助。有些人選擇帶頭燈去旅行，這是很不錯的辦法，但對於手無縛雞之力的943而言還是太重太貴，而電池產品送的迷你手電筒又太大太重，於是突發奇想，打算實驗DIY一支迷你又簡單的手電筒，全部花費不到20元，重量不到10公克，無論價格或重量都是一般手電筒的1/5左右。

　　原本製作這個小玩意只是想要節省重量，沒想到這個陽春手電筒到了南美洲的長途巴士上一拿出來用，馬上就引起周邊乘客的好奇和圍觀，他們用西班牙語嘰哩咕嚕地討論著這個看似瓶蓋的小東西，把它拿在手上翻來覆去的研究，甚至還傳閱到後面的座位。最後他們討論出來一致的結論是：「台灣有很多高科技產品，台灣人果然很聰明。」我這理科白癡聽了真是汗顏不已啊。

材料：

1. 礦泉水瓶蓋1個。
2. 鈕釦型電池（從不用的手錶上拔下來即可），市價$5～10。
3. LED燈（到電子材料行買，例如今華電子，一個不到$10）。
4. 膠帶。
5. 雙面膠。
6. 塑膠紙。

做法：

1. 瓶蓋縱切細長缺口備用。
2. 用膠帶將LED燈的兩極黏在鈕釦電池的兩面，其中一極完全貼住，另一極只貼住一半，總之使燈兩端的金屬線需受力才通電。
3. 將LED燈嵌入瓶蓋（如圖），將電池底部用雙面膠固定在瓶蓋中。
4. 測試看看是否用拇指壓住金屬線與電池才會發光，如果可以，用塑膠紙剪成瓶蓋大小，卡住電池不脫落即可。

Tips：

1. 一個瓶蓋只需切一個缺口即可，切那麼多缺口是為了實驗橡皮筋可否固定，其實不用切那麼多個。
2. 建議鈕釦電池有顆粒的那面朝上，比較容易製造空間，讓手指按住時才使金屬線接觸電池而通電。
3. 塑膠紙的材質建議選用比較硬的，這樣才能卡住瓶蓋內壁的溝痕，我是用麥穗蘇打的包裝袋去剪的。
4. 選用瓶蓋是為了防止行李擠壓誤觸開關而浪費電力。

誤入巴拿馬雨林原始部落

　　從哥倫比亞到巴拿馬，從地圖上看是有陸地邊界相連的，不過因為游擊隊出沒頻繁，相當危險。

　　從南美洲過境到中美洲有兩個方法，一是花大錢搭飛機，二是到邊境搭船。第二個走法是先搭巴士到加勒比海岸的騰寶（Turbo）、轉搭當地人通勤的小船到兩國邊境的小鎮卡浦嘉那（Capurgana），再轉小船到巴拿馬邊境的小鎮波多阿巴迪亞（Puerto obaldia）。

　　聽波哥大的借宿主人説騰寶治安不好，於是943買了半夜出發的巴士，算準時間早上一抵達騰寶，中午前馬上閃人，搭船到下一個城市。

　　到了騰寶，才知道船票漲價了，身上的哥倫比亞披索不夠，只有美金，附近又沒有兑換的店，基於先前旅行的經驗，知道習慣分享情報的背包客們可能會是大救星。

沒想到誤入這個沒水、沒電、
沒瓦斯、沒電話的原始部落，
成了此行最難忘的回憶。

肚子餓了嗎？到
海邊現抓現烤，
食物零里程。

逛了一圈，整個碼頭只有兩個看起來像背包客的一男一女，943上
前打招呼，詢問他們方不方便換錢，幸運的是他們正好想把哥倫比亞披
索換成美金，於是彼此講好匯率後馬上兌換，解決了無法買票的危機。

這對男女也是要過境到巴拿馬，於是我們還一起分擔從卡浦嘉那包
船到波多阿巴迪亞的船資，在他們的帶領下，一上卡浦嘉那就先去蓋了
哥倫比亞的出境章，因為隔天一大早必須搭船到巴拿馬，而在開船之前
關防辦公室沒那麼早開門，若不提早一天蓋章，隔天勢必又會延誤了。

由於雨林隔絕，沒有公路、鐵路可通，從哥倫比亞進入巴拿馬邊境
後，不是搭數天的船沿著海岸繞到首都，就是從邊境一個前美軍空軍基
地搭小飛機到首都巴拿馬市。

哥倫比亞的邊界小漁村卡浦嘉那是背包客進入中美的必經之地，四
周不是雨林就是海，此地並沒有定期船舶或公路通行，必須要和擁有船
隻的船家預約包船到巴拿馬。大概因為這裡生活都很悠閒吧，前一天船
家和我們約好早上出船，好讓我們到巴拿馬邊境小鎮趕上飛機，隔天卻

拖到很晚才向我們要錢買汽油，又等了好久，才見船家氣喘吁吁地用塑膠桶裝了汽油上船。好不容易下船抵達巴拿馬，海關也慢條斯理，甚至以半分鐘寫一個英文字母的龜速填寫入境單，要不是我們大喊快趕不上班機，他們還打算把我們行李裡全部的東西都翻出來檢查呢！

　　就這樣拖拖拉拉，明明只需要花半個小時船程就可以抵達巴拿馬小村波多阿巴迪亞，卻拖了3個小時；原本只要提早2分鐘就能趕上飛機，卻眼睜睜看著飛機飛走！更慘的是，下一班機是兩天後才飛！整個鎮上除了幾間小屋是關防、航空公司辦事處、雜貨店、網咖、廉價旅館以外，什麼都沒有，旅館也不便宜，留在那裡整整2天太浪費光陰了。943只好臨時改變計畫，跟著先前同行的西班牙背包客一起搭1艘只容得下5個人、船寬不到1公尺、行進時海水還會潑到身上的小舢舨，進入到下一個小村落。

　　沒想到一進到這個小村，才知道這是個坐落雨林中沒水沒電、近乎與世隔絕的部落，平時只靠著小船與3個小時的山路與外界聯繫。當943發現這個部落是像平時在DISCOVERY頻道才看得到的原始部落，興奮得幾乎要跳起來！開始慶幸被船家及海關延誤而錯過了班機，真是塞翁失馬、焉知非福啊！

一艘小船便是全村與外界聯繫的唯一交通工具。

雨林部落裡的「機場」，
其實就是一大片草地。

原來機票也能「先上機後
補票」，飛機抵達以後才
付機票錢。

進入部落前，同行的西班牙背包客用西班牙語和當地人溝通，再用英語翻譯給我聽，說我們即將去一個有ritual的 village，於是腦中出現的畫面是類似台灣鄉間的小村莊。沒想到由於語言的隔閡和翻譯的落差，讓tribe（部落）被翻譯成village（村落），造成了效果非凡的驚喜。

這個原始部落屬於巴拿馬原住民自治區Kuna，屬於著名的San Blas群島文化之一。島上居民住茅屋，沒有自來水、沒有電力、電話、瓦斯等現代設施，頂多只有手電筒和古董級收音機，部落中的生活是日出而作、日落而息。「食物零里程」在這裡是家常便飯，蛋白質來源就到海裡現捕現抓，馬上烤來吃。蔬菜則在後院挖芋頭、摘香蕉、椰子……此地的原住民們過著非常快樂淳樸的日子。

有別於San Blas群島其他已成知名觀光景點的島嶼，這個部落還沒有商業觀光化的活動。因此943在經過部落長老允許後，才能夠參加部落中的村民大會，體驗原汁原味的當地文化果然比觀光活動有意思許多。

離開雨林部落後，943回到那個曾是前美軍空軍基地的機場小鎮波多阿巴迪亞，搭機準備飛往首都巴拿馬。而這個小鎮好像只是為了機場而存在似的，像軍營般單調。所謂的機場也很陽春，只是一塊足球場大的草坪，沒有任何類似航廈的建築物，更別說登機門或空橋了。飛機停在草坪上，所有乘客圍在機門旁邊，得由航空公司職員一一唱名之後，自行步上階梯登機。

搭上螺旋槳小飛機飛往首都巴拿馬，小飛機上只能容納十來人，駕駛艙甚至沒有門，起飛前還可以和駕駛聊天。由於設備簡單，乘客甚至在飛機抵達以後才付機票錢，第一次搭飛機遇到「先上機後補票」，實在有趣！飛行到一半，起飛前才和943哈啦的副駕駛忽然轉過頭比手勢看窗外，一看，哇！好壯闊的雨林啊！從飛機上俯瞰拉丁美洲雨林，是只有在國家地理頻道才看得到的畫面，沒想到可以親眼目睹，太感動啦！

Latin America 南美大不同，世界好精采

　　在中南美洲，天天都能發現讓我這小島來的旅人好奇的新鮮事。例如，哥倫比亞首都波哥大路邊租借手機的小販，是一位腰部綁著好幾條繩子、坐在路邊的女人，她身上每條繩子都宛如電話線般連著一支手機，每支手機都租給不同的路人，路人不約而同背對著小販大講電話。遠看這位手機小販好似八爪章魚，自腰際向外伸出無數觸手哩！

　　中美洲公車有旋轉門、投幣才能上車的強制性裝置，而當地藥房、五金行及飲料店等，也常在店門口加裝如鐵窗的欄杆自保，客人與店主隔著欄杆交易，以防搶劫。這些景況使我驚覺這裡治安狀況有多嚴重，既而一想，維也納和洛杉磯的地鐵連刷票閘門都沒有，是更誠實而

鮮少有人坐霸王車的國度，對比我們數十年裝在家家戶戶的鐵窗，與中南美洲店門口的鐵欄杆，只是五十步笑百步吧？不過，回到台灣後，每當想起拉丁美洲店門口的鐵欄杆，面對台灣夜歸無虞的治安，還是覺得該惜福。

　　瓜地馬拉市一輛滿載乘客的公車，外面還有擠不上車（也許是禮讓老弱婦孺）的年輕小伙子吊掛在車廂外，宛如一條條火腿，這危險景象令我又震驚又難過。原來貧富差距極大的社會現象，就是經濟不佳的家庭被排擠驅趕到郊區，再每天擠進有如沙丁魚罐頭般的公車到市中心討生活。我祝福他們早日改善生活，也祈禱未來台灣的貧富差距不要惡化至此。

　　還有南美洲的食物也讓我嘖嘖稱奇，如超迷你手指香蕉、和人臉一樣大的巨無霸葡萄柚。至於調味成鹹的紅豆已經嚇不倒我了，但把紅豆餡製成牙膏狀卻讓我笑歪在薩爾瓦多超市貨架旁。以及烤玉米上塗滿紅的綠的黃的辣椒醬和芥末醬，煮玉米抹的是檸檬而不是鹽巴等等，這一切都讓我覺得這個世界好精采，好險我真的排除萬難來了一趟啊！

　　美洲大陸各國的彩色車牌，也讓943開啟一種奇特又具有怪趣味的嗜好：蒐集（拍攝）各國、各區車牌。因為每個國家、每個州都有自己的車牌圖案，後來我更開始狂拍日本各地和中國各省簡寫的車牌，集郵般的趣味讓我在街上走路時更仔細觀察當地每一個小細節。這些每日的小驚喜，不僅帶來下一次出走的動力，也成為下半輩子滿滿的回憶！

跳過墨西哥，直飛北美更便宜

943的中南美洲長途巴士之旅，之所以越過墨西哥不走，是因為墨西哥境內巴士比廉價航空還貴。據說墨西哥為了防止大量非法移民經由長途巴士進入美墨邊界而大幅提高境內長途巴士的票價。算一算從瓜地馬拉穿越墨西哥全境北上美國的巴士票及沿途食宿，還不如買廉價航空直接從瓜地馬拉飛到洛杉磯來得輕鬆、省錢且安全，幾經盤算，雖然很想節能減碳，但小命還是要顧，只好放棄巴士縱貫墨西哥的計畫。不過好在從美國聖地牙哥可以進入墨西哥提娃那市區的72小時免簽證特區，改從那邊入境，也能管窺墨西哥，希望下次能有機會深入這個特別的國家。

沿途搭巴士一路穿過中美諸國後，瓜地馬拉是中美的最後一站。從著名風景區安提瓜結束兩天一夜的旅程，回到首都瓜地馬拉市，943在

對南美洲的憧憬有一部分來自馬奎斯的小說。圖為波哥大。

街上轉了一圈找不到公用電話和借宿主人聯絡，正巧路邊有家銀行，於是走進去借電話。和氣的行員幫忙943打了手機，才知道原來借宿主人臨時有事不能來接。行員說外地人搭公車非常危險，但我身上的現金又不夠，好心的行員原本想騎1個多小時的機車載我回到借宿的住處，不過後來他想起當天預約了牙醫，於是堅持幫忙付車錢，讓943搭計程車回去。兩人在大街上推讓了好一會兒，最後只好恭敬不如從命，接受他的好意。

　　遇到突發狀況時，別怯於向路人求助。類似的狀況也發生在洛杉磯，943在飛抵洛城時已經午夜，原本說好要到車站接我的借宿主人陰錯陽差遲遲未到，當時人煙已經逐漸稀少，在空曠的車站裡只有一位值勤女警，礙於剛入境美國又急著趕車入市區，身上沒有零錢，於是鼓起勇氣向好心的女警借了硬幣打電話。這才知道原來借宿主人雖然有事先e-mail通知他當天有事，需要自行抵達，但當時943在飛機上沒辦法收信。好在有那通電話，借宿主人特別提早離開音樂會，開車來接我。

 # 哈台族2號、3號

　　平常943只在報章雜誌、電子媒體上聽說有些外國人很喜歡台灣，在國內遇到「哈台族」的機會不多，倒是在國外時，常在東南亞的便宜旅館裡看到穿著「I Love Taiwan」T恤的白人跑來跑去，一問之下，才知道他們多半是平日在台灣教英文的老外，趁寒暑假到鄰近的東南亞旅行。繼在巴黎羅浮宮與第一位哈台族上了堂免費中文課之後，943又在祕魯和哥倫比亞遇到第二、第三位主動找上門的哈台族。943在利馬的借宿主人有位朋友是救護車醫生，是個不折不扣的哈台族，這位醫生因為太喜歡台灣了，他在台灣期間，每天都用MSN和943的借宿主人不停地說台灣有多好有多好。借宿主人說，她接待我的原因，完全是因為我是台灣人，因為她想知道到底這位醫生朋友為何這麼喜歡台灣，甚至還問我：「那你們台灣有沒有不好的地方？」

哥倫比亞設計師
超愛台灣的創意
商品。

　　一聽說自己的老友即將接待一個從台灣來的沙發客，這位哈台的救護車醫生不由分說，下班後立即衝到943住的地方，一見面就像他鄉遇故知一樣，滔滔不絕地分享一卡車他旅居台灣時所發生的大小趣事，而且每講完幾分鐘就會加上一句：「我真的很想念台灣！」

　　這位祕魯的救護車醫生為什麼這麼喜歡台灣呢？他說表哥和一位台灣女孩結婚，在墾丁開了一家手工藝品店，他在唸醫學院時來台幫忙表哥顧店，住在墾丁的那段時間，愛上了台灣獨特的人情味。

　　「台灣人很可愛，很喜歡幫助外地人，而且很喜歡『餵』人吃東西。」救護車醫生說，幾乎每天都會有左鄰右舍帶著各種食物來他們的店裡串門子，943聽了忍不住哈哈大笑，原來我們習以為常的食物分享，在外國人眼中看來竟是如此新鮮。

　　也因為喜歡台灣濃厚的人情味，這位祕魯的救護車醫生居然立志來台灣開烤雞店，他帶943參觀利馬街頭時，經過一家烤雞店，他說：「我的夢想是『回』台灣開一家像這樣的烤雞店！」他說祕魯的烤雞很

好吃，因此夢想之一就是讓台灣人也能嚐到好吃的烤雞。

　　原以為遇到兩位主動找上門的哈台族已經夠神奇了，沒想到還有第三位等著。第三位哈台族是一位哥倫比亞設計師，當943在哥國的首都波哥大連上沙發衝浪網站，喜歡認識外國朋友的他發現有個台灣人在自己所在的城市登入網站，於是和他的女友主動邀我吃飯。

　　他們兩人從事商業設計，很熱心地介紹不少南美洲美食，才知道原來當地人不但會把酪梨當奶油抹吐司，還把酪梨加到湯裡吃。他說因為很多極具創意的商品都來自台灣，因此對台灣產生了極大的好奇和興趣。他與好友合開的工作室，其實就是把好友租來的房子當成家庭代工據點，從國外批貨進來，自己動手組合包裝，放在哥倫比亞的網站上銷售，生意不錯。和他們一起動手組裝產品的過程中，還意外發現很多酷玩意居然都是Made in Taiwan，例如假牙形狀的製冰器、巨無霸錄音帶造型的包包。他們也很驚喜這些酷玩意是台灣做的，因為東西是從美國批貨來的，一時之間氣氛更high了！直問我台灣簽證該怎麼辦。不過當我問他們：「到底是哪一樣商品讓你覺得台灣賣的創意商品很酷？」他拿出來的東西令943臉上出現了三條線，那樣東西居然是「紙娃娃」！如果他們真的到了台灣，應該會發現更多更新奇有趣的創意商品吧！

扒手坐在我旁邊！

　　由於中南美洲治安不好，所以943謹守不在大街上掏錢或問路打電話、進到店家再問路的原則。

　　不只搶劫，當地的扒手也十分猖獗，943出國時用的小零錢包是有鍊子的，平時就拴在褲頭的皮帶扣上，而且三不五時就拍一下口袋確認錢包還在不在。有一次坐在當地人搭的chicken bus，旁邊坐著一個看起來忠厚老實的人，他坐下後卻很反常地用外套蓋住下半身。還好943不時檢查褲袋，不久就發現錢包竟然離開口袋，而且錢包拉鍊已經被拉開一半，我卻完全沒有感覺到任何異狀。還好及時檢查，不然只要再晚個幾秒，恐怕裡面所有的錢都不翼而飛了。不過我發現錢包被動過後，雖然覺得恐怖，卻仍不動聲色，以免竊賊下手不成而報復，幸好不久後那個人就下車了，也就平安度過了扒手危機。

 # 10招輕鬆與當地人拉近距離

　　旅行之中能夠體驗文化，總是令943非常著迷，常覺得旅途中若沒有和當地人互動，就像是金魚缸裡的金魚，與當地人隔著一層玻璃對望，沒有實際的接觸。以下943分享幾個超有趣的文化交流方法，可以獲得難忘的互動和體驗喔！

旅行時隨身帶一張英文世界地圖

　　可放在手機裡，若怕手機開機太慢，列印出來時尺寸最好不要超過A4大小，夾在旅遊手冊中更好；在車上或餐廳偶遇當地人時通常會被問從哪裡來，這時若有張地圖就能迅速拉近距離，例如可先指指鄰近國家，再指指台灣，這樣即使一般市井小民也能對你的國家馬上有概念。尤其是中南美洲、印度等資訊較不流通的地區。

請當地人用他們的語文寫下你的名字，也幫對方取中文名

　　想知道自己的名字用他國文字怎麼寫嗎？絕大多數人都對此非常感興趣，沙發衝浪時把這個當作小禮物也是非常窩心的舉動。最早943是有次在印度的火車上遇到對中文好奇的年輕人，他主動拿出紙筆請943寫下他名字的中文寫法，沒想到旁觀的乘客也紛紛跟進，要求幫他們取中文名字，943才發現非常好玩。目前943在旅途中已蒐集到印度（烏都語）、伊朗、韓國等地自己名字的寫法，是很不錯的紀念呢。

　　若想更深入接觸當地文化或找話題聊天，則可逐字解釋對方中文名字的意義或部首，外國人通常會非常有興趣。例如：「安」是一個女性在屋頂下，表示她很安全的意思。有個超迷俠盜故事和左派搖滾的瓜地馬拉醫生，943用「寇」這個字翻譯他姓氏中的一個字，解釋字義以後，他直說非常喜歡這個字的譯法呢！

　　通常當地人有了自己的中文名字以後，都會興奮地「呷好道相報」，再請你幫他的家人也取個中文名字，甚至連聽不懂英語的小朋友

哥倫比亞的小朋友呼朋引伴，要943幫他們取中文名字。

們也呼朋引伴，跑回去找其他親朋好友來給你取名，尤其熱情的南美洲，還有不少人特地準備了簽字筆、裁好書面紙讓我寫下家族成員的全名，現在想起來都是很有趣、很難忘的記憶。

對用慣拼音文字的外國人而言，漢字神奇的地方在於：一個字由好幾個部首組成，每個字還有好幾個意思、好幾個發音，同一個字和不同的字組合在一起卻形成不同的意義，不只一個國家的沙發客跟我說：漢字實在是複雜又奇妙啊！

唱歌

在旅行中，偶爾會遇到好客的當地人熱情地邀請你參加當天的生日餐會甚至婚禮，由於生日快樂歌國際通用，大家早已司空見慣，因此如果唱華語的生日快樂歌，常常會讓對方覺得很新奇有趣，甚至還可以唱台語黃梅調配上歌詞，也是「笑果十足」。

學幾句當地語言

和當地人互動，增加樂趣：尤其在語言不通的國家，用比手畫腳來聊天會有很多笑點。即使語言不通，從這些小互動中感受到彼此的善意，也能相談甚歡。而對語言有興趣的人，還能學學各國打招呼的話，例如：你好、早安、謝謝、再見等等。這樣會讓對方感覺很開心，也是賓主盡歡的好方法。

比手畫腳

在祕魯時，943基於好奇心，比手畫腳加學動物叫聲來詢問店家這道菜是豬肉還是牛肉，結果經營小吃店的可愛的一家人居然舉一反三，不但用學動物叫告訴我那道菜是什麼肉，還買一送一，順便教了943雞、豬、牛、羊、馬等動物的西班牙語講法，最後又請943教他們的小孩這些動物的英文單字怎麼講，整間店一下子「咩咩」、一下子「咕咕咕」，他們不但雙手放在頭上當牛角，還學家禽猛拍翅膀，活像演動物園話劇，整間店的人都笑翻了。

帶台灣的圖片、影片做文化交流

旅途中若被當地人問起「台灣是什麼樣子？」時，怎麼介紹自己的家鄉？尤其在資訊比較不發達的地區很容易被同車或同桌的人問到這個問題。943曾經熱血到在網路上號召背包客們攜帶台灣風景海報到國

外ＹＨ住宿時張貼，希望以美麗的風景吸引外國背包客到台灣來玩，順便做做國民外交。943還發現各種介紹台灣觀光的小冊子，自我介紹時超好用！此時就是做國民外交最好的機會，建議把風景照、街景、人物等圖片，明信片或廣告DM剪下來的圖片，拿出來和對方聊天、比手畫腳，或帶自己的全家福照片，光是給對方看照片，就能拉近不少距離。

影片拍了一堆總得有地方裝，手機可秀圖片，記憶卡也很重要，除了被動的裝影片以外，還能主動出擊。旅行時免不了被當地人問到「台灣靠什麼產業發展？風景美嗎？」以前拿一些風景圖片出國總覺得不夠生動，後來索性直接把介紹台灣的影片複製一份放在手機裡，隨時播放給在火車或餐廳同桌、萍水相逢的人看，或是在沙發衝浪借宿的主人家上網到youtube播放影片，介紹自己的家鄉。

有次喜愛獨立電影的巴黎沙發主人邀943一起看她喜愛的電影和影集，聊著聊著，943推薦她看台灣新銳導演的電影，當時只能憑記憶找出片名的拼音再上youtube搜尋，十分麻煩，不禁興起攜帶介紹台灣影片的念頭。現在記憶卡的容量都不小，可以多帶些圖片和影片出國做國民外交。像是把youtube帶著走，舉凡自己硬碟裡的台灣風景光碟、影片、電影、戲劇……都直接copy到記憶卡裡，再以藍芽或無線Wi-Fi方式傳送檔案和對方分享。這樣就算在沒網路的窮鄉僻壤或交通工具裡，也都有各種家私可以拿出來介紹台灣。

943常開玩笑地說這叫「強迫推銷」，因為不但逼人家看台灣的影片，還讓人家不得不收藏，尤其介紹台灣的影片，好幾個外國朋友看完後不但被影片中的美食害得飢腸轆轆，還會哼《Taiwan will touch your heart》的旋律了！

做國民外交不需要背一堆英文名詞，也不必四處上網找youtube網址剪貼給不會用中文搜尋的外國朋友，只管放影片就好啦！現在記憶卡越來越便宜，多買幾張也不貴。大家可以用各自的手機看，或是傳到電視機看，不必一堆人擠著圍住電腦螢幕。

分享旅途照片

看旅行照片是很多人都很愛的事情，尤其是對外國文化有興趣的人，一定更有共鳴。分享自己相機內旅途中的照片，或在沙發衝浪主人

家瀏覽記憶卡中的照片，甚至網路相簿、對方的實體相簿等，分享彼此的旅行心得，完全不怕沒話聊。

拍攝影片

帶一台操作簡單、可拍攝影片的小相機，或手機內的攝影功能，拍小孩子們扭來扭去再播放給他們看，「笑果」超好的，很快就騙到得到小朋友們的心了。

試穿當地傳統服飾

日本有很多和服體驗的觀光收費活動，是他們的文化特色之一，到了傳統服飾極具特色的國家，不體驗一下實在太可惜了！943先前在印度、巴基斯坦等地借宿時，在對方女主人的熱情安排下試穿當地傳統服飾，是非常新奇有趣的體驗。尤其女性通常很喜歡幫其他女生打扮，試穿印度紗麗時，是另一種體驗印度人智慧的絕佳途徑，因為她們只用一塊布料東纏西繞就能圍成一件美麗的服飾，非常神奇。當然試穿到最後，可別忘記拍照留念和感謝對方喔！

派對中，大夥把943煮的紅燒雞一掃而空。

現在有不少「用美食做國民外交」的網站可以找到志同道合
的新朋友：

eat with a local http://eatwithalocal.socialgo.com
到當地家庭共進一餐
meal sharing http://www.mealsharing.com
到各地人家用餐
colunching http://www.colunching.com
和法國人一起吃午餐

做台灣料理給對方吃

　　食物是絕大多數人都喜歡的話題，一定會好奇別的國家是怎麼料理
自己常吃的食材。尤其華人料理在各大城市的唐人街都所費不貲，美食
當前，很少人會拒絕誘惑的。943通常是在第一封徵求借宿意願的信中
提議做台菜給對方吃以回饋對方，因為外國很少有人吃過台灣料理，所
以被拒絕的機率很低。

　　如果對方很樂意，通常十之八九的主人會主動打開自己冰箱或上
超市採買食材，這樣不但能有一餐愉快的食物文化交流，還能發揮「我
出力、你出錢」省錢吃好料的功用呢！沙發衝浪本來就不是鼓勵佔人便
宜，而是鼓勵以親手製作的東西回饋，比買來的禮物更有誠意。

　　有幾樣既簡單、食材又容易取得、受到各地歡迎的中菜，例如走醬
油路線的紅燒雞，只要有醬油，外國人就覺得很有中菜的味道了，缺點
是國外醬油貴，無法用太多。943旅行到哥倫比亞時，在當地沙發客的
號召下，由首都波哥大的沙發客出錢上超市買菜，943負責做紅燒雞，
祕魯沙發客則帶來祕魯巧克力，大夥辦了個異國交流的美食派對，非常
開心。也因此常吃得很豐盛，環遊世界80天回台後竟胖了2公斤。

　　另外，洋蔥炒蛋也是在各地都不難買到材料的菜色，尤其洋蔥在許
多國家不與雞蛋一起料理，943有次在哥倫比亞煮這道菜，連借宿家庭

裡從不吃洋蔥的家人都一口氣吃掉整碗洋蔥呢！不過也有幾樣吃力不討好的菜，建議切勿嘗試，例如：紅豆湯、綠豆湯，在西方國家通常不把豆子做成甜的料理，他們聽到豆子湯煮成甜的，就像我們聽到紅豆湯煮成鹹的一樣表情扭曲，943看過不少朋友因為做了這道菜而換來尷尬的反應，建議還是少做為妙。蒸蛋也容易被視為鹹的布丁；此外內臟、雞腳等食物最好也不要輕易做給外國人吃，以免造成尷尬。

最好視情況而定，也可以看看當地有什麼青菜，像紅蘿蔔、馬鈴薯、洋蔥、豆芽這四樣都是世界各地很常見的蔬菜。買不到蔥蒜也無所謂，清炒也不錯。炒青菜的優點是食材容易買到、素食亦可、做法不難、器材簡便（只需要鍋、爐）、便宜（什麼便宜就買什麼回去煮）。

如果要炒馬鈴薯的話，記得要先切絲泡水去除澱粉質，才不會糊成一鍋。

還好，943這樣做……

1. 還好買了祕魯名產駝羊毛的襪子和手套，又輕又暖又舒服，在南美的冬天很好用。
2. 還好在南美向便宜旅館以低價買了大毛巾，在車上感到冷時當小毛毯保暖很有用，回到熱帶地區再送人。
3. 瓜地馬拉買到剩很多肉的T形大骨，煎了10元豬排上飛機吃。

如果重來一次？943會……

1. 在中南美搭便車旅行。在哥倫比亞和瓜地馬拉都遇到搭便車沿途從南美到中美的背包客。他們都有確保安全、避開危險的訣竅。
2. 在祕魯多買幾雙駝羊毛襪子、手套回台灣。
3. 還想再體驗一次雨林部落自給自足的生活、想去古巴。

省錢策略整理

 誰最省錢？

類別	省錢方法	省了多少（台幣）
交通	跳過墨西哥，瓜地馬拉直接飛北美，比墨西哥境內長途巴士便宜	約省$10,000 👑
	哥倫比亞的長途巴士	可殺價$80
	搭當地平價長途巴士，同樣可半躺，卻比豪華巴士省將近一半	約省$3,000
	在借宿主人的邀請下搭便車去超市、觀光景點	至少省計程車費$1,000
	借宿主人主動表示願意接機	至少省計程車費$300
	跟著熟悉當地的背包客搭交通工具，省計程車費或船費	計程車、船費共省$800
住宿	沙發衝浪借宿在女大學生、設計師、工程師、教授、跨國公司主管、醫生等人的家	以一天旅館$1,000計算，24天省了$24,000 👑👑👑
	殺價，用便宜民宿的價錢住到中等旅館	住宿共省約$1,000
飲食	到超市買便宜食材自炊	餐廳一餐最少$80，在南美45天135餐至少省了$10,800 👑
	借宿主人主動做菜招待	
	借宿主人買菜，我做菜給大家吃	
	自備食物在廉價航空上吃	
	在觀光勝地找到當地人光顧的小吃店，不用上昂貴餐廳	馬丘比丘餐廳最少$300起跳，到當地小吃店吃牛排餐只要$50
雜支	在物價低廉的國家停留較久、採買存糧	以一天價差$100計算，多停10天可省$1,000
	專挑免費景點、逛免費博物館	至少省$,1,000
	免費上網	網咖1小時約$150，在北美18天至少省了$2,700
	沒帶手機，向銀行借電話，服務好又安全	共省$50
	節省飲料費及上廁所費用	一天省$100，45天至少省了$4,500
	找不到匯兌處時和背包客換錢，大鈔不會有去無回，又省手續費	省了$100
總計至少共省　$59,480		

實用大補帖

附錄一：出國旅行避開危險須知

943在演講時最常被聽眾問到的問題就是：「像妳這樣一個女生獨自到各國旅行時，在安全上有沒有什麼自保的方法？」當然有，大致上原則如下：

- 天黑後不單獨出門，若不得已需要出門時記得結伴同行，即使在號稱治安很好的國家也一樣。規劃旅程時需注意搭乘的交通工具，安檢較嚴格的機場除外，盡量不要選擇入夜後才抵達或行駛的車班。
- 不走小路、暗巷。在某些治安不好的城市，即使白天也不要貿然進入人煙稀少的地方。
- 遠離聲色飲酒場所，那些地區附近出入複雜，倘若遇到搶劫勒索也不稀奇。
- 出發前詳讀網友的遊記或有關當地治安的討論，尤其一些文明古國，詐騙手法令人防不勝防，一有類似狀況，當務之急是趕快脫身。
- 隨時保持警醒，歹徒專挑鬆懈的人下手。
- 錢包用扣環扣住腰帶以防扒手。錢最好別放霹靂包，而是放在貼身的包包，用外衣蓋住。相機掛在脖子上，收入外套拉上拉鍊遮蓋，要拍照時再打開外套拉鍊舉起來拍，拍完後趕緊收好，以防搶劫。
- 在治安不佳的地方，別在公共場所掏錢或拿出相機，問路等進到店裡再問，在街上問路容易引起歹徒覬覦。
- 準備小鈔保命。在很多治安不好的地區，歹徒搶不到錢是很有可能會誤下殺手的，例如中南美洲國家。萬一遇上歹徒，丟下錢馬上逃跑，還有保命機會。千萬別用在國內的經驗去衡量當地的狀況，例如大聲叫嚷引起注意，有些國家歹徒避免被捕的第一反應是殺人滅口。

- 別拖著大行李在路上走，因為很容易被歹徒一眼看出是人生地不熟的觀光客，也容易成為扒手或搶匪下手的目標。背雙肩背包看起來像當地人，比較安全。

- 行李不要放在後車廂，萬一遇到突發狀況或被司機勒索時，可以抱著行李快速離開現場。此次943在瓜地馬拉旅行就曾遇過這樣的經驗，搭計程車前講好價錢，下車時司機卻說原先付的錢不夠，我只好當機立斷、抓緊背包衝下車，否則就得任司機宰割了。

- 不要答應剛認識的人一對一邀約，不喝來路不明的飲料，不要有肢體碰觸。

- 重要物件千萬不要交到他人手中，像是護照、大筆金錢，甚至車票。不少遊客在印度的受騙經驗是在火車站拿著車票問路，對方拿了車票去看後反而威脅遊客拿錢換回車票。

- 買保險。刷卡買機票多半有送旅遊險， 若去一些局勢較不穩定的地方，如南亞、中東，保險很重要。就算遇到班機延遲或行李遺失，也能獲得數千元的賠償，不無小補。

- 容易迷路的人，外出時記得拿一張旅館或附近商家的名片，943在治安不錯的地方是用數位相機來幫忙記路，拍攝沿路重要路標，回程時就算天黑不認得路也容易判別。

附錄二：通行世界省錢必殺技

在走遍全球50多個國家後，943累積了一些省錢小撇步給大家參考！

免費上洗手間

在物價高昂的歐洲，即使去百貨公司上廁所也要付費，因此找免費洗手間也變得重要。有次943在羅馬街上逛，想上洗手間但是都要收錢，正好經過一間教堂是開放參觀的，就進去參觀一下，順便借用洗手間。搭乘火車最好養成下車前先上廁所的好習慣，下車後就不必花錢上車站的付費洗手間。

在物價高的國家，可去速食店、連鎖咖啡店、超市、購物中心。在物價低的國家，除了上述地點，在中南美洲某些長途巴士有廁所不用錢，下了車到休息站上就要收費。有些觀光景點有觀光小巴，下車的點都會在旅行社內，這時和旅行社借個廁所，就不用去外面找要付錢的廁所了。

免費飲水

在已開發國家，生飲自來水即可。開發中國家則可到銀行、旅行社（例如瓜地馬拉專為觀光客推出的小巴士通常會載到旅行社下車）等店家的飲水機裝水。943曾在瓜地馬拉的銀行喝到免費供應的咖啡呢！平時在餐廳吃飯時多要一杯白開水，裝進自己的水壺裡。沙發衝浪、住旅館時，或是交通工具上有提供飲水的，也可以使用。

另外，可以多帶2個空礦泉水瓶，搭夜車時可到廁所裝水洗半澡。（印象最深是之前在蒙古大草原上住蒙古包，沒有自來水，裝好兩瓶水找草叢洗半澡），到了無法生飲的國家，可在餐廳或YH多裝一點開水上路，省下買水的錢。

免費上網

▶ 在沙發衝浪主人家時：許多地區網路先進程度不如台灣到處都用Wi-Fi，先問清楚主人家的網路費是寬頻還是撥接，如果是撥接最好別佔用超過10分鐘，以免電話費暴增。也不要下載影片，因為很多地區的網路超過一定流量就會加價，更別更動別人電腦中的設定，或隨意開啟別人的檔案。

▶ 店家免費Wi-Fi：現在歐美日不少城市的咖啡店、速食店、超商、車站等公共場所甚至巴士車上都提供免費Wi-Fi，可先Google看看目的地哪些地方有免費Wi-Fi。

▶ 電腦店免費試用：東歐一些城市找不到免費wi-Fi，這時各電腦店或家電展示中心試用的網路就是你短暫上網的救星了，尤其是蘋果電腦，只是大多必須站著使用。

▶ 圖書館：福利好的國家都有免費上網的社區圖書館、學校圖書館。例如紐澳的社區圖書館。

▶ 便宜旅館：有些青年旅館為了招攬生意，會主動提供免費上網。不過這種免費的電腦設施常常有使用過度的問題，不是這個壞了就是那個沒了。建議最好在訂房前先搜尋瀏覽該旅館的評價，有些住過房客的評價會提到電腦設備好不好用。

　　出門在外，上網不如在家方便，帶筆電又必須沿途24小時提心吊膽防遺失、防竊賊，旅途中的上網問題實在是一大學問。很多地方實在上網不方便，甚至還會遇到又貴又慢或法式鍵盤……各種光怪陸離的突發狀況，因此我出國前都會先把常用網頁製作成書籤，屆時只要連上那個頁面，什麼網站、資料都查得到。

　　也因為在國外上網通常不是很方便，943建議最好先在家裡就把所有住處找好、票券訂好，以免到時候手忙腳亂又忐忑不安，甚至花大錢找網咖訂票。

　　現在用Line、Whatsapp或罐頭e-mail快速報平安很方便。

雖然943的家人很放心，不需要每天從國外打電話報平安，不過我還是與家人有個默契：只要到可以上網的地方，就發一封e-mail回家報平安。所以943不但在出國前會把旅遊行程表寄給家人備份，還會事先把中英文對照的報平安信寫好，存在草稿匣中。在網路不便的國家上網咖時，就算只能有1分鐘時間上網，也能用很短的時間寄出電子郵件。可以省去安裝Skype、中文輸入等軟體的時間，也不用帶耳機、視訊等設備。至於為什麼報平安的電子郵件要用中英文對照呢？因為許多國家的電腦並沒有支援多語言設備，中文字會變成亂碼，所以英文是給自己看的，中文則是給家人看的。

免費寄物

　　若在已開發國家，由於社會福利好，因此美術館、博物館、圖書館等文教機構都提供免費寄物服務，而且多半因為是老建築而位在市中心，不用跑太遠。

　　若在開發中國家，由於商家注重防竊，因此當地不少超市或百貨公司都要求顧客先在櫃台寄放隨身物品再入場購物。所以在開發中國家，找有寄物服務的商家就對了，943曾在中南美洲和馬爾地夫等國實驗過，十分便利！此外，一些販賣觀光景點的紀念品店或旅行社為了招攬生意，對於客人的要求幾乎什麼都OK，包包借放一下在櫃台裡面也不是問題。建議可以在買完食物、飲料或明信片之後詢問，很多商店都會爽快答應，這招是943之前去馬爾地夫旅行時無意中發現的。

　　除此之外，還有一些地方可以免費幫忙看管隨身物品。第一，住宿過的旅館，絕大多數的青年旅館都能在住客離開當天提供免費寄放行李的服務，少數會收費，這點必須事先問清楚。第二，寄放在借宿主人家，不過要留意對方是否方便，可別讓對方因為要回家幫你開門拿東西而東奔西跑，這樣就很不禮貌了。第三，娛樂場。為了服務客人及安全考量，娛樂場都會提供寄物的服務。例如澳門的皇冠酒店為了吸引遊客，就算只是進去參觀，也可以寄放行李，最多可達14天，我就曾經在

澳門的娛樂場寄放行李後，去蒙古旅行了一趟再回澳門，憑寄物單上的簽名取回行李。貴重物品還是要隨身攜帶。943之前在越南曾遇到一個日本女生，她把錢包中的4萬元日幣託給民宿主人保管後外出，沒想到回來後民宿主人卻矢口否認有寄放錢包這回事，她只好用僅剩的微薄旅費搭車到另一個城市的日本大使館求助，否則連回國的旅費都沒著落。

免費明信片

其實就是不花錢拍出明信片級美麗照片的方法。最早開始自助旅行時，我每到一個地方都會買明信片做紀念，但隨著旅行次數多了，943開始發現這些花錢買的明信片多半下場淒涼，不是寄回家卻不知被塞到哪個角落，就是被塵封在不見天日的抽屜。雖然曾經「擁有」了它們沒錯，不過這些明信片好幾年才會拿出來看一次，和我的生活卻沒有任何連結，於是943決定要用相機拍下屬於自己的明信片。

方法很簡單，首先，到每個景點的紀念品店，研究當地最美的明信片是從哪些角度拍攝，例如某間教堂要從西南角仰角拍攝最美、某個湖泊要從橋上拍攝最寬廣……這些明信片可都是名攝影師在當地停留多日、努力琢磨出來的最佳取景，一面研究大師作品還可以一面學攝影，最後拍下屬於自己的版本（例如等鳥飛近時按下快門，更有生動感）的明信片，愛拍幾張就拍幾張，不是直接翻拍明信片喔！而是自己拍攝風景照，943好幾次在演講和電視節目介紹這個方法，都獲得「最想馬上試試看」的評價。這些明信片不僅不佔生活空間、不會沾染灰塵、不怕摺疊，也不用花錢喔！

建議大家出門在外，寧可多帶幾張記憶卡，而不要帶容易被偷或攜帶不便的筆電或硬碟。943在出發環遊世界前上網殺價用150元買了市價200的SD卡，等環遊世界回來時，SD卡跌到市價150元，此時再用150元賣掉，等於只花0元使用記憶卡，又不會對不知情的第三手買家不公平。3C類的東西是拖越久價格越低，用不到的東西最好趕快脫手。

附錄三：交換借宿常見問題

943曾在《一張機票玩6國》中詳細介紹沙發衝浪的使用訣竅、注意事項及作客禮節，細節請參閱該書，沙發旅行將會更順利。

作客篇

Q：如何尋找交換住宿？

A：和網拍類似，到各交換住宿網站註冊，詳細填寫個人檔案後，就可以開始累計評價數目，找借宿主人或接受客人。

Q：如何找到好的借宿主人？

A：首先第一個訣竅是：讓自己成為好的沙發客人，例如充實自己的個人檔案及好評價、寫詳細有禮的住宿徵詢信等，讓好的借宿主人比較容易接受你的借宿。擁有好評價、信賴點數、捐款紀錄、通過身分認證的使用者通常比較受歡迎。

Q：如何寫出好的住宿徵詢信？

A：好的徵詢信主要有幾個大原則，一是信中提到對方的名字，因為亂槍打鳥的罐頭信件太多了，沒禮貌的信件常常石沉大海。二是詳細介紹自己，很少人願意打開門讓國籍、年齡、性別、職業、嗜好都不寫清楚的陌生人住進自己家裡。三是在第一封信就完整告知詳細資訊，例如抵達與離開的日期、時間、人數、交通方式等，讓對方方便考慮，展示誠意。

Q：怎樣當一個不失禮的沙發客人？

A：交換借宿是交一個朋友，不是找一家免費民宿。住朋友家時不會做的事也不要對借宿主人做，如放鴿子、臨時異動只丟e-mail或訊息而沒用手機當面告知、晚歸讓人乾等、詢問個人隱私、過度使用水電、打國際電話、用對方不懂的語言交談、離開前沒把住處恢復原狀、離開後沒報平安等等。詳讀對方的自我介紹檔案是第一要務，不要濫用對方的熱情，讓對方覺得「被利用」。

Q： 沙發衝浪有沒有一定要留心的注意事項？

A：當然有。

1．一定要留下對方的聯絡手機，最好有2個以上的電話號碼和地址，以防臨時聯絡不上，苦等徒增誤會。

2．一定要有備案，例如附近的青年旅館地址和電話。

3．單身女性旅人找借宿時，一定要找有3位單獨旅行的女性沙發客給的極好評價才能入住，沒入住過只是聚會聊天的評價不能算數，否則寧可住旅館。

4．抵達前幾天，務必再與對方確認。

作東篇

Q： 一定要接待過外國人才能去借宿嗎？

A：不一定喔，有些好客的主人，即使沒有評價的新會員也接受。不過通常擁有好評價、個人簡介充實完整、有捐款紀錄，甚至有信賴點數的借宿者，會更容易被接受，尤其是在一些超級熱門景點，例如紐約、巴黎等地，或是聖誕節和暑假等熱門時間，不但主人自己跑出去玩不在家，還有眾多背包客搶著預約。於是就像網拍賣家一樣，擁有越多好評價就越容易雀屏中選呢。

Q： 如果我家不方便給人借宿，日後也可以去借宿別人家嗎？

A：沒有強制規定。您可以選擇當免費導遊或見面喝咖啡，在沙發衝浪網站上有個選項是Coffee or a drink，使用者可以選擇自己的接受借宿狀態是「喝咖啡」，也就是在當地約出來見面交流，或帶對方去玩，這樣也是一種借宿方式。

Q：借宿者來家裡住，可以有些規定嗎？

A：當然可以呀，就像網拍的賣家個人簡介，可以在個人檔案中的沙發介紹裡敘述各種細節，例如鑰匙數量不夠，因此希望客人能在每天主人上班時一起出門，傍晚再約個時間一起回家。只有週末才有空接待，或是家裡提供借宿的是沙發、空氣床或空房間、是否需要自備睡袋、大眾運輸是否方便、距離市中心遠近、家裡廚房是否方便外借、同住成員、是否有小孩及寵物等等。研究別人的個人檔案，看看其他人怎麼寫，就會有很多靈感呢！

Q：我可能沒空帶借宿者去玩，可以嗎？

A：當然可以囉，您可以只提供睡覺的地方，給簡單的旅遊路線等等建議。只要事先在沙發簡介中註明，借宿者也會想辦法去找「只能當

地陪不能提供借宿」的沙發客玩耍，不用擔心。

Q：我應該去機場接機嗎？

A：不一定，看自己方便，不用勉強。當然如果您樂意接機，也可以寫在簡介中，您的沙發就會變得非常熱門。943的做法是寫一個「如何到我家」的中英文Word 檔案，寄給談好要借宿的沙發客，將從機場大廳出來後，如何轉車到市區的方式以中英文寫下來，有簡易地圖更好。沙發客拿著這張中英文對照的指示後，拿這張紙問路，路人也能給予指點。

Q：客人來時，聊什麼話題比較好呢？

A：很多題材都是很好的話題，光是食物在各國的不同吃法就可以聊很久了。943通常也會替外國朋友寫下他們的中文名字，寫完再解說各部首的意義，這樣就可以有超多話題，還能賺到很多驚訝的神情，很好玩的。如果接待到使用特殊文字的背包客，例如俄文、韓文、印度文、阿拉伯文等，也可以請他們寫下自己和家人的名字，會非常有趣喔！或是交換看彼此的旅行相簿，看看背包客相機裡拍的照片，和介紹自己去過的旅遊景點，絕對很有話聊喔！

Q： 如果英文真的不行，有中文介面的網站嗎？

A：沙發衝浪Couchsurfing網站本身有中文介面的選項，但和借宿者接觸時還是多以英語溝通。如果希望只接待華語人士，也可以上由台灣人創建的「i好客」網，是屬於全球各地華人的交換借宿和換屋媒介網站，也是完全免費。或上批踢踢BBS站的沙發衝浪版（Couchsurfing）也可以，網頁版只能讀不能貼文，BBS版則只有純文字的介面。

附錄四：花小錢買大保障

　　為了減少廉價航空班機延遲或臨時取消時的損失，最好自行投保旅行不便險，無論跟哪家買保險、在機場買或上網買都好，請一定要給自己一個保障，萬一遇上夏季颱風或冬季歐美暴風雪時才不會慘兮兮喔！943曾得到過三次因班機和行李延誤的理賠，總共9,000元。現在理賠金還漲到一次4,500元，原本因不便而影響的心情像是中彩券一樣，頓時雨過天青呢！

　　有人說：信用卡刷機票就會贈送旅行不便險了，不過那種理賠大多採用實報實銷的理賠，也就是若班機延誤四小時以上，因延誤而產生的食宿、電話、來往機場及住宿地點的交通費用等支出，需憑收據實報實銷並有上限。所以最好的方式是雙管齊下，在刷卡贈送的保險以外，自行加保旅行不便險，一旦遇上班機延誤或取消、甚至行李延誤也行，用信用卡刷機票的不便險實報實銷食宿支出，再用另外加買的旅遊不便險申請理賠。有次943去東京五天，自行加保的不便險保費只有一百多元台幣。如果兩人同行那更好，如果兩家保險都需出示正本，那第一人將兩人在飯店、旅館、計程車的消費單據報銷拿回款項，第二人申請理賠金額3,000～4,500元，等於吃住免費又有錢可領。

　　申請理賠需要航空公司所開的延誤證明以及登機證等憑據，實報實銷的保險需要登機證正本，領理賠金的通常可用影本。廉價航空的延誤證明通常就是e-mail而已，列印出來即可申請理賠，943曾用e-mail申請理賠金成功。這些文件要收好，回國以後才能順利申請理賠。943出發環遊世界時，甚至帶了一份理賠申請單出去以備不時之需，因為申請理賠有時限，如果在外旅行的時間太長，等回國再申請理賠早就過期了。另外，去印度、非洲等傳染病肆虐的國家，請加保旅遊醫療險，比較有保障。

附錄五：943環遊世界80天私房排行榜

（單位：台幣，以本次旅行為範圍）

項目	得獎者
物價最高的都市	巴黎
物價最便宜的都市	瓜地馬拉
自炊省下最多外食費的城市	巴黎
自炊可買到便宜食材的國家	義大利
最便宜的一餐	香蕉吐司3元，哥倫比亞巴士行經深山沒餐廳，拿買來當點心的香蕉和吐司當正餐。
最物超所值的戰利品	在祕魯買的超保暖羊駝手套和毛襪60元。
最物超所值的機票	用經濟艙3折票價搭到商務艙（阿姆斯特丹－紐約）。
除了免費外，最物超所值的一餐	在馬丘比丘山腳滿街500元牛排店的隱密市場2樓找到50元牛排套餐。
最便宜的機票	Ryanair航空0元機票（法蘭克福－羅馬），含稅也只要1千多元。
好康最多的機票	海灣航空吉隆坡－法蘭克福，贈送豪華過境旅館及免費食宿接送及簽證。
最「瞎」的機票	從巴拿馬邊境小鎮搭螺旋槳小飛機到巴拿馬是先上機後補票，下飛機後才付錢。
最便宜的車票	1元巴士紐約－華盛頓車票。4個半小時車程只要1美金，當時約台幣30元。
免費除外，最便宜的住宿	瓜地馬拉古城安提瓜旅館單人房一晚100元。
最花錢的住宿	馬拉瓜旅館一晚520元。
除了免費外，花最少錢多玩的一個國家	美國聖地牙哥到墨西哥：搭電車約17元，943買1日券$150共搭到9趟車，平均搭一次17元。

國家圖書館出版品預行編目資料

十萬元環遊世界【全新增訂版】／943 著 -- 初版．
-- 臺北市：平裝本，2015.06
面；公分. --（平裝本叢書；第 411 種)(iDO；78)
ISBN 978-957-803-961-2(平裝)

1. 旅遊 2. 世界地理

719   104007537

平裝本叢書第 411 種
iDO 78

10萬元環遊世界【全新增訂版】

作　　者—943
發 行 人—平雲
出版發行—平裝本出版有限公司
　　　　　台北市敦化北路 120 巷 50 號
　　　　　電話◎ 02-27168888
　　　　　郵撥帳號◎ 18999606 號
　　　　　皇冠出版社（香港）有限公司
　　　　　香港上環文咸東街 50 號寶恒商業中心
　　　　　23 樓 2301-3 室
　　　　　電話◎ 2529-1778　傳真◎ 2527-0904
責任主編—龔橞甄
責任編輯—龔橞甄
美術設計—陳孟琪
著作完成日期— 2015 年 4 月
增訂初刷一版日期— 2015 年 6 月
增訂初刷二版日期— 2018 年 2 月
法律顧問—王惠光律師
有著作權 · 翻印必究
如有破損或裝訂錯誤，請寄回本社更換
讀者服務傳真專線◎ 02-27150507
電腦編號◎ 415078
ISBN ◎ 978-957-803-961-2
Printed in Taiwan
本書定價◎新台幣 350 元 / 港幣 117 元

● 皇冠讀樂網：www.crown.com.tw
● 皇冠Facebook：www.facebook.com/crownbook
● 皇冠Instagram：www.instagram.com/crownbook1954
● 小王子的編輯夢：crownbook.pixnet.net/blog